# 喧嚣与秩序

## 社会化媒体的
## 公共表达

Noise
and Order
Public Expression
on Social Media

黄朝钦

——

著

ZHEJIANG UNIVERSITY PRESS
浙江大学出版社
·杭州·

图书在版编目（CIP）数据

喧嚣与秩序：社会化媒体的公共表达/黄朝钦著.—杭州：
浙江大学出版社，2023.5（2024.1重印）
ISBN 978-7-308-22892-3

Ⅰ. ①喧… Ⅱ. ①黄… Ⅲ. ①社会化－媒体(新闻)－传播
学－研究－中国 Ⅳ. ①G206.2

中国版本图书馆CIP数据核字（2022）第138667号

**喧嚣与秩序：社会化媒体的公共表达**

XUANXIAO YU ZHIXU: SHEHUIHUA MEITI DE GONGGONG BIAODA

黄朝钦　著

| | |
|---|---|
| **策划编辑** | 吴伟伟 |
| **责任编辑** | 陈　翩 |
| **责任校对** | 丁沛岚 |
| **责任印制** | 范洪法 |
| **封面设计** | 米　兰 |
| **出版发行** | 浙江大学出版社 |
| | （杭州市天目山路148号　　邮政编码　310007） |
| | （网址：http：//www.zjupress.com） |
| **排　版** | 杭州林智广告有限公司 |
| **印　刷** | 广东虎彩云印刷有限公司绍兴分公司 |
| **开　本** | 710mm×1000mm　1/16 |
| **印　张** | 13.25 |
| **字　数** | 210千 |
| **版印次** | 2023年5月第1版　2024年1月第2次印刷 |
| **书　号** | ISBN 978-7-308-22892-3 |
| **定　价** | 68.00元 |

# 前　言

　　传媒公共性是一个在中外学术界都能引起广泛兴趣的话题，但在中外迥异的传媒环境中却蕴含着不同的历史与现实意义。公共表达是古老而常新的社会现象，与公共性有着天然联系。在人类历史进入近代以来，公共表达更是与各种传播媒介结下不解之缘，并因此成为传媒公共性的题中应有之义。

　　社会化媒体是传媒变迁史上的新生代，作为第二代互联网（Web 2.0）的典型代表，它具有独特的内容生产与传播机制，实现了私人化社交行为与公共性信息传播的巧妙结合，这种结合产生的传播革命给整个社会生活带来了有力冲击和深远影响。对于传媒管理相对严格的中国社会，冲击和影响尤为明显。

　　公共表达是人作为社会性动物的本能需求，也是社会健康运行的条件之一。社会化媒体赋予人们信息生产和传播的自由，并提供互动交流便利。但情况并非如此简单和乐观，传媒总是在特定环境中存在，就像人总是生存于具体环境中一样。探讨中国语境下社会化媒体与公共表达的关系，不可回避以下问题：站在传媒公共性的角度和传播技术赋权的角度，社会化媒体究竟能为中国民众参与公共表达提供什么？社会化媒体平台上公共表达的实际情况是怎样的？制约公共表达与社会公共事务良性互动的因素有哪些？如何理性看待和引导公共表达以及传媒公共性需求？本书重点回答了上述问题。研究依据和内容框架介绍如下。

第一章结合我国的传媒格局和传媒管理体制，并参考国内外相关研究成果，分析公共表达在中国社会转型时期的重要意义，以及对于传媒公共性拓展的理论与实践价值。

第二章梳理了西方公共性理论及传媒公共性理论的起源与发展，并结合历史与现实条件描述和分析了我国传媒公共性问题的内涵与外延，进而探讨我国政治及文化环境下公共表达与传媒的历史及现实关系。

第三章系统介绍了我国社会化媒体的构成情况及相应特点，并从公开性、公益性、批判性三个维度论证了社会化媒体参与信息传播对于传媒公共性的拓展与深化作用。

第四章以"转基因争论"为切入点，从公共表达的角度分析了不同社会化媒体平台的表现和特点，以及不同平台上参与公共表达的用户构成情况，并结合热点议题分布探讨了不同社会化媒体平台公共性的差异。

第五章从微观角度入手，结合我国网民的语言习惯、表达方式、群体心理、媒介素养等因素，分析了社会化媒体平台上公众的表达方式与价值倾向。

第六章从中观角度入手，结合传播话语权配置、公共领域建构、社会动员与社会整合等理论，分析了当下社会化媒体公共表达的功效，并指出其健康发展所面临的困境。

第七章是全书的结论部分，从宏观与微观层面提出改善公共表达的理论与实践构想。

需要说明的是，本书是在笔者的博士学位论文基础上完成的，书中部分数据和案例略显滞后，但总体而言，本书的分析思路与研究结论在当下依然是适用的。

# CONTENTS

# 目 录

第一章

# 绪　论

　　在中国当下的信息传播环境中，网民往往同时是甚至主要是社会化媒体使用者。即使是一个对社会热点不感兴趣的人，与生俱来的社交需求也会让他无法逃离各种社会化媒体工具的包围。QQ、微信、微博、社交网络应用、知乎、Vlog……层出不穷的工具中，总有一款与他的需求相吻合。中国互联网络信息中心（CNNIC）2018 年 7 月公布的第 42 次互联网络发展状况统计报告显示，在排名前 17 位的网络主流应用中，社会化媒体就有 3 种，分别是即时通信、电子邮件和微博。而且，仅即时通信一项，就达到 94.3% 的使用率，并已连续多年高居网络应用榜首。[①] 这就是 Web 2.0 时代的景象，而社会化媒体正是这个时代的典型代表。

　　媒介即讯息。这个论断一方面说明，不同媒介本身拥有鲜明的特征，是具体科技条件和时代文明的结果和体现；另一方面还意味着，产生于不同时代并由不同技术逻辑支撑的媒介，必然要求特定的信息呈现方式及传播方式与它相适应。在数千年的媒介发展史上，社会化媒体应该是最为独特的一类，它体现了大众传播向传统人际传播的回归，并历史性地赋予普通人信息生产及传播的自由，还将人际交往和信息传播两种功能有机结合起来。

　　社会化媒体的发展与应用普及，彰显了科技与媒介结合推动信息社会发展所达到的新高度。其技术优势带来的高普及率不仅改变了网民个体的信息传播和接受习惯，还改变了社会的信息传播格局和媒介环境，并对当下政治、经济和文化生活产生了难以估量的影响。本书正是以此为背景，从"媒介公共性"视角切入，研究国内网民通过社会化媒体平台参与社会公共事务的情况，呈现其基本面貌，

---

　　① CNNIC 历年公布的《中国互联网络发展状况统计报告》，可在其官网（http://www3.cnnic.cn/6/86/88/index.html）查询与下载。后文将多次引用 CNNIC 的统计报告，出处不另注。

分析其特点和社会功效，探究问题，进而探讨可行的解决途径。

# 一、研究背景

## （一）转型时期的利益多元化是公共表达需求强烈的社会基础

中国当下的社会转型是分析社会现象和讨论社会问题的基本前提。社会转型是指社会从一种存在形态向另一种存在形态转变的过程，涵盖了政治、经济、文化和社会结构等多个层面的变迁。中国当代社会转型的重要内涵之一就是"同一性社会向多元性社会转变"[①]，其具体表现是社会阶层分化，以及由此带来的利益主体多元化和利益诉求多元化。这一特征从 20 世纪 90 年代中期以来愈发鲜明，正是我国社会加速转型的结果。

多元利益表达常常以社会公共事件（或公共议题）为契机，其形式及过程就是公共表达。但长期以来，我国传统的公共表达一直面临渠道及方式不足等问题。进言之，公共表达受到三个方面的限制：（1）传统媒介利益表达资源有限；（2）既有制度中利益表达机制欠缺；（3）个别社会强势阶层对表达资源的垄断。[②]

互联网兴起后，凭借其传播方式便捷、即时、开放、多样等特点，为公共表达资源的均衡占有提供了技术上的可能。10 余年来，以社会化媒体为代表的第二代互联网的应用普及，更是将这种可能变成了现实。社会化媒体强大的"赋权"功能催生了"人人都有麦克风""人人都是自媒体"的信息传播局面，人们不再寄希望于通过传统媒体表达自己的观点和意见，利益诉求多元化便在论坛、博客、微博和微信等社会化媒体平台上得以呈现。与诸多社会热点事件相联系的各种公共议题通过公共表达形成强大的网络舆论潮流，对原有的信息传播格局、舆论生态构成巨大的冲击和影响。在此环境下，来自不同社会阶层的个体参与公共

---

① 林默彪. 论当代中国社会转型的分析框架 [J]. 马克思主义与现实，2005（5）.

② 孙光宁，等. 网络民主在中国：互联网政治的表现形式与发展趋势 [M]. 北京：知识产权出版社，2015：6.

表达，尤其是在各自不同领域学有专长的体制内及民间知识分子的参与，形成了一个规模庞大的意见领袖群体。意见领袖与普通网民形成公共表达合力，使得社会化媒体当之无愧地成为当今中国社会思潮的集散地和社会舆论的发动机，也在一定程度上缓解了公共表达需求与表达渠道不足的固有矛盾。

### （二）社会化媒体普及在不同国家和地区产生了不同影响

社会化媒体成为民众参与公共表达的平台，既是一种传播现象，也是重要的政治现象（公共表达本身就是一种政治行为）。而且，受历史传统和现实条件的影响，传播和政治都必然呈现出一定的时代特征与地域特征。因此，只有把特定媒体中的传播现象放到具体的社会情境中进行分析和解释，才能获得准确的把握，也才有更为确切的意义。

社会化媒体的发展与应用普及是一个世界性现象，但在不同国家和地区产生的社会影响大相径庭。具有跨文化生活经验的社会学家赵鼎新在其研究中做过两轮对比，一是对比美国与中国的网络论坛，二是对比中东的主流社会化媒体和中国的微博，两轮对比大体可以说明，地域特点及社会状况等结构性因素对媒介发展及其功能发挥有重要影响。[①]

社会转型既是媒介发展变迁的宏观背景，同时两者之间也形成复杂的互动。互动的结果也必然是双向的：既使得我国的社会化媒体发展呈现出与别国不一样的进程与特点，也给我国的社会转型带来更为复杂的影响。

### （三）我国的传媒管理体制加剧了新旧媒体格局失衡

我国的传媒管理体制脱胎于 1949 年前中国共产党占领区战时状态的党报体制，1949 年后又因模仿苏联而形成计划特征鲜明的传媒领导和管理模式，即强调传媒的政治功能，对传媒的领导和管理主要依靠党的工作手段，如思想政治、

---

① 赵鼎新，张明扬，曹柳莺. 公共事件与公众参与 [N]. 东方早报（上海书评），2011-02-20.

组织人事和纪律约束，并具有媒体机构行政化、实行事业管理等特点。①1978 年后，我国开始进行传媒体制改革（有时也称新闻改革②）。改革是在坚持"党管媒体"这一制度性前提不动摇的基础上，采取"由边缘向中心突破，以增量改革带动存量盘活"③的渐进式路径，并逐渐形成了"条块分割，以块为主"的双重领导体制和"一元体制，二元运作"的运行机制④。

客观地讲，传媒体制改革取得了较大的成绩：释放了巨大的发展能量，建设了规模庞大的传媒产业，并在相当程度上促进了国家—社会二元结构中社会这一极的成长，推动了对传媒作为公共领域的期待以及与之相适应的部分话语实践。⑤不过，这一描述和认知主要是立足于经济指标的衡量，这里"预设了源自西方的全球经济的'统一'或'规范'指标之合理性，并将衡量传媒发展的政策和既定目标锁定在是否快速和有效地发展产业规模这个基点上"⑥。因此，改革的展开显示出体制变迁中高度政治化的、临场发挥式的"路径依赖"和"有限创新"特征，呈现出气候多变、步履蹒跚的表象。⑦

但总体而言，现行传媒管理体制的重点针对的是传统媒体，因为这套管理体制在网络媒体出现之前已经确立并逐渐走向成熟。针对传统媒体的管理行为行政化色彩较浓。在日常管理中，往往是社会效益中的政治考量标准相对较高，超越经济效益和其他社会效益标准，其核心是意识形态导向。在日常的传媒管理工作中，由于承受的意识形态压力较大，管理层对于媒体报道的负面新闻及呈现的负面舆论较为敏感，容忍度也相对较低，就会人为加大管理力度。这种管理方式长期运用的结果是，传统媒体对于社会生活多层次、多面相的复杂情况报道不全

① 葛玮. 中国特色传媒体制：历史沿革与发展完善 [J]. 中国行政管理，2011（6）.

② 参见李良荣. 当前中国新闻改革的基本特点：纪念新闻改革 25 周年 [J]. 现代传播，2004（5）；夏倩芳. 党管媒体与改善新闻管理体制：一种政策和官方话语分析 [J]. 新闻与传播评论，2005（5）.

③ 李良荣. 当前中国新闻改革的基本特点：纪念新闻改革 25 周年 [J]. 现代传播，2004（5）.

④ 宋香云，王敏. 西方发达国家传媒管理体制及对我国的启示 [J]. 全国商情（理论研究），2003（8）.

⑤ 潘忠党. 传媒的公共性与中国传媒改革的再起步 [J]. 传播与社会学刊，2008（6）.

⑥ 潘忠党. 传媒的公共性与中国传媒改革的再起步 [J]. 传播与社会学刊，2008（6）.

⑦ 潘忠党. 传媒的公共性与中国传媒改革的再起步 [J]. 传播与社会学刊，2008（6）.

面，对于社会舆论的多元化和即时性呈现也不够，最终导致传统主流媒体的公信力下降。

对于在国内兴起才20余年的互联网及各种形态的新媒体，政府也一直努力将其纳入管制范围。自20世纪90年代中期以来，政府陆续颁布了一系列针对互联网信息传播及新媒体运营的规章制度。但毕竟网络媒体在资本结构、技术逻辑、表现形式等方面与传统媒体差异明显，所以对于如何管理和规范网络媒体，管理体制及其具体操作者在较长一段时间里都显得不适应。世纪之交的10余年，管理层在"网络强国"战略的鼓舞与推动下（同时也受制于管理经验和管理成本），为互联网的发展提供了相对宽松的空间。正是在这种背景下，我国的互联网事业发展迅猛，网络媒体新旧更替此起彼伏，网络基础设施建设、网民数量、网络站点数量、网络普及率都得到飞速发展。网络媒体产业的广告额、产值、社会影响力已开始全面超越传统媒体产业。尤其是社会化媒体应用普及后带来的网络舆论强势崛起，导致社会舆论场迅速分化：形成以传统媒体为代表的官方舆论场和以网络媒体（主要是社会化媒体）为代表的民间舆论场，两大舆论场在诸多社会热点事件的讨论中往往呈现迥异的立场和观点，这种分裂成为社会转型时期一个引人注目的现象。

不论出于何种动机和目标设定，近些年来，我国的传媒管理体制对于传统媒体施加的管制明显强于网络媒体，而且在一定程度上导致了传统媒体与网络媒体的传播力和影响力失衡的局面。有研究者将这种失衡称为"媒介鸿沟"，并将原因归结为"现有政策对新媒体的信息传播缺乏有效管理"①。当然，管理力度及有效性不同只是问题的一个方面，媒体技术和形态的新旧更替，以及随之而来的社会契合度不同，也是传统媒体与网络媒体在新传播格局中力量失衡的一个重要原因，欧美发达国家新旧媒体力量此消彼长的变化也可作为旁证。而且，近些年管理层已逐步熟悉并适应网络媒体运作的规律与逻辑，并通过制度建设和行政手段推行力度更大的网络治理手段。

---

① 我国传媒管理体制急需改革 [N]. 中国新闻出版报，2007-09-12.

### （四）社会化媒体作为公共表达平台同样存在诸多不足

社会转型拦腰撞上新媒体大发展，这是当今中国面临的一个无法回避的现实。尤其是近些年来，以"用户生产内容"（user generated content，简称 UGC）和"互动交流"为重要特征的社会化媒体快速发展，以及其频繁迭代带来的操作人性化和功能强化，加上与智能移动终端（智能手机、平板电脑）结合带来的高普及率，使其日益成为影响中国社会发展的一个重要的技术和人文因素，也给方兴未艾的社会转型带来一些变数。

CNNIC 2017 年 1 月公布的第 39 次《中国互联网络发展状况统计报告》显示，即时通信（含 QQ 和微信）、微博、论坛三大具备公共表达功能的社会化媒体应用仍是使用率较高的互联网应用形态，使用率分别为 91.1%、37.1% 和 16.5%，而且，较之 2015 年均有不同程度的增长（增幅分别为 6.8%、17.8% 和 1.5%）。人民网舆情监测室 [1] 发布的《2016 年互联网舆情分析报告》表明，从主导互联网舆论生成的角度看，微博和微信已经超出单一社交应用范畴，成为平台级入口，即成为信息分发的主渠道，任何一家传统媒体和其他自媒体均无法企及。[2] 鉴于微信和微博在公共信息传播中的作用日益增强，国家管理层从政务公开及舆情应对的角度也及时做出反应：2016 年 8 月，国务院办公厅发文《关于在政务公开工作中进一步做好政务舆情回应的通知》，明确提出把政务微博、政务微信和政务客户端作为政务公开的标配。这一系列信息说明，社会化媒体基于人际网络所进行的信息传播和互动交流在网络舆情的生成和演化中作用非同一般。

当然，事物的另一面也值得关注：社会化媒体平台上的公共表达在作为网络舆情演化过程得以呈现的同时，也表现出许多固有问题和新变化。所谓固有问题，诸多研究成果已有讨论，如社会化媒体中的公共表达对主流文化及价值观的消解、语言暴力问题、网络讨论中观点偏激与非理性倾向、价值观上的泛道德主

---

[1] 2017 年正式更名为人民网舆情数据中心。

[2] 人民网舆情监测室.2016 年中国互联网舆情分析报告 [EB/OL].（2016-12-21）[2018-05-01].http：//yuqing.people.com.cn/GB/401915/408999/index.html.

义和民粹主义、崇尚泛民主和非程序的实质民主倾向、在讨论有争议话题时热衷于划线站队等。而新变化也值得关注。一是社会化媒体用户（网民）的代际更替及其对于公共表达及网络舆论的影响。研究显示，95 后、00 后人群作为新生代网民，正在逐步重塑网络舆论的基本形态；以 70 后、80 后人群为主体的论坛时代宣告结束。二是新一代微博用户中，对时政类话题的关注度明显下降，取而代之的是演艺界话题走俏，娱乐心态凸显。三是意见领袖的影响力开始下降，网络舆论从精英阶层设置议程引导大众，发展到大众话语权和平民话语权日渐强大，并出现了贬斥精英的反智倾向。① 这些新变化未必会成为长期趋势，但其对社会化媒体的公共性以及公共表达的影响仍不可低估，需要进一步观察和分析。

社会化媒体的应用普及不仅影响和改变了中国人的生产与生活状态，也为人文及社会科学诸多领域提供了丰富的研究素材和紧迫的研究命题。比如：（1）在网络媒介不断发展、推陈出新的过程中，传媒公共性的内涵及呈现水平正在（或将会）出现何种变化？（2）在社会化媒体已然成为网络舆情主要载体的情况下，用户参与社会公共事务和公共表达的行为呈现出哪些特点？影响何在？（3）在当前的媒介格局和社会环境中，推动社会化媒体承担公共表达平台功能的力量是什么？影响因素有哪些？（4）目前社会化媒体平台上的公共表达存在哪些不足与问题？原因何在？当前环境中完善的路径何在？这些问题既彼此相关，又各自独立。其中部分具有理论色彩，另一些则有实践价值，它们共同构成本书核心论题所应涵盖的要点。逐一给出答案，正是本书追求的目标。

## 二、研究意义

### （一）拓展传媒公共性相关理论研究

传媒公共性理论是对哲学"公共性"理论的合理延伸与拓展，也是基于传统

---

① 人民网舆情监测室.2016 年中国互联网舆情分析报告 [EB/OL].（2016-12-21）[2018-05-01]. http://yuqing.people.com.cn/GB/401915/408999/index.html.

媒体的内容生产及大众传播模式而作出的阐释。在互联网兴起初期，就有研究者注意到了传媒公共性的意蕴开始发生变化，但这种变化还比较有限，因为那是基于第一代互联网的传播实践作出的分析和判断。而第一代互联网只是传统媒体在新的物质载体上的延伸，遵循的仍是大众传播法则。第二代互联网崛起后，以社会化媒体为代表的新媒体形态，其内容生产及信息传播不再只遵循大众传播理论及模式，其公共性的内涵与外延发生了显著的改变，在中国语境下，其公共性在社会价值层面及文化价值层面得到更充分的体现。因此，以中国的传媒生态及信息传播格局为背景，分析和阐释社会化媒体带来的传媒公共性变化，具有较高的理论价值，也是对传媒公共性理论的拓展与完善。

### （二）完善网络传播及网络舆论相关理论

现有的网络传播理论是从传统的大众传播理论中脱胎而来，带有浓厚的大众传播解释框架的痕迹，其对于第一代网络媒体的信息生产与传播行为有较强的解释力，但对于以社会化媒体为代表的第二代网络媒体则表现出解释力不足的局限。即使引入传统的人际传播及组织传播理论，解释基于"用户生产内容"和"社会关系网络"的"网众传播"，也显得力不从心。同样，面对以社会化媒体为主要舆情发生平台的网络舆论，传统的舆论解释体系对其发生和演化机制也缺少有效的整体观照。以网络社会学、社会心理学理论为切入点，深入考察公共表达的交互及演化过程，可以对传统的网络传播及网络舆论相关理论进行修正和补充。

### （三）为社会化媒体的治理提供决策参考

对网络媒体特别是社会化媒体进行有效的规范与管理，既让它保持应有的活力并发挥积极的社会效用，又能设置科学合理的边界，以避免其对社会主流价值规范形成负面冲击，这本身就是一个难题。照搬传统管理体制肯定行不通，而设计和实施新的管理体制则需要对社会化媒体的技术逻辑、运行规律、使用者的心理动机和行为特征，以及网络公共表达与社会事件的互动关系等有深入的考察和理解。本书对社会化媒体公共表达相关现象、规律及问题的梳理与分析，应该可以为网络治理决策提供有益的参考。

## 三、文献综述

公共表达是社会化媒体用户日常网络使用行为中极为重要的部分。一方面，它是社会化媒体公共性的体现；另一方面，它也是网络舆情生成和演化过程的具体呈现。笔者检索中国知网、万方、读秀等中文数据库后发现，题名包含"公共表达"的学术文献和专著较少，如果再叠加"社会化媒体"（或"社交媒体"）这一类主题词，则数量更有限；但是，单独检索标题中包含"社会化媒体"的学术论文和专著，则数量不少，且呈现出逐年增加的趋势。

### （一）关于传媒公共性及公共领域的研究

公共性和公共领域的理论阐述都源自西方，二者是一对高度相关的概念，前者是后者存在的基础，后者则是对前者的具体实践。20世纪以来，西方学者阿伦特（Hannah Arendt）、杜威（John Dewey）、熊彼特（Joseph Alois Schumpeter）、布鲁纳（Jerome Seymour Bruner）、哈贝马斯（Jürgen Habermas）等分别从不同角度阐述过公共性及公共领域问题。不过，西方学界已达成的基本共识是，哈贝马斯是最早系统研究公共领域问题的学者，其成果主要体现在《公共领域的结构转型》一书。该书1999年出版中译本后，迅速在我国的哲学、政治学、法学和传播学领域引发关注和反响。新闻传播学领域有较好外文功底的学者也迅速跟进，介绍并探讨传媒公共性及公共领域问题，引起新闻传播学界的广泛关注与研究兴趣。

近30年来，因为具有较强的意识形态属性，媒介公共性这一概念及相关理论在中外新闻学与传播学领域引发了广泛关注与争论。美国著名的专栏作家李普曼（Walter Lippmann）在 1922 年出版的《舆论学》一书中较早涉及了传媒公共性话题，但并没有形成系统研究。以关注和讨论传媒体制及话语权分配为重心的传播学批判学派，就直接把传媒公共性当作核心议题之一，其关注点是资本主义现代传媒体制及其在运行过程中表现出来的传媒与政治、资本和公众的复杂关系。如美国学者阿特休尔（Herbert J. Altschull）于 1988 年出版的著作《权力的媒介》。该书试图论证"新闻专业主义"在资本主义传播体制中的虚假性与局限性，并提出媒介应作为公民的经济权力及政治权力的代理而存在。同属于批判学派知识与价值体系的研究著作还有麦克马纳斯（John H. McManus）的《市场新闻业：公民自行小心？》（2004）、麦克切斯尼（Robert W. McChesney）的《富媒体，穷民主：不确定时代的传播政治》（2004）、克罗图（David Croteau）与霍伊尼斯（William Hoynes）的《运营媒体：在商业媒体与公共利益之间》（2007）等，这些著作均采取了批判式的"媒体—民主"框架，深入剖析了欧美社会市场化的传媒体制对于媒介专业精神、传统价值理念、公共领域及民主政治的冲击与影响。

法兰克福学派第二代领军人物哈贝马斯系统研究了公共领域问题，其代表作《公共领域的结构转型》1962 年面世后迅速被译成多种文字在不同文化圈出版，并形成世界影响力。哈贝马斯在该书中指出，大众传媒建构了公共领域，公众利用公共领域公开、平等、理性地参与公共事务的讨论，并因此形成公共舆论，产生协商式民主，与国家权力形成有效的抗衡。但他正面肯定和乐观期待的是资本主义上升时期的大众传媒，对 20 世纪以来现代资本主义世界中传媒与公共领域的关系则持明显的悲观态度。在他看来，因为政治力量及私人资本的操纵，大众传媒已逐渐丧失中立特征，在影响了公共领域结构的同时又统领了公共领域，从而导致公共领域的结构转型。[①] 这里的"转型"其实意味着"衰落"与"瓦解"。后来，哈贝马斯意识到该书结论过于悲观的局限性，并在修订版中作了适当调整。

在哈贝马斯之前和之后的欧美学者，如阿伦特、泰勒（Charles Taylor）、罗尔斯（John B. Rawlas）、汤普森（John B. Thompson）、戴扬（Daniel Dayan）等，

---

① 哈贝马斯. 公共领域的结构转型 [M]. 曹卫东，等译. 上海：学林出版社，1999：15.

都着重关注过公共性以及传媒与公共领域的关系问题，形成了各具特色的理论观点。如：泰勒关注公共领域的现实困境，罗尔斯基于公共议题建立其对公共性概念的理解，汤普森在公共领域媒介化基础上建立"新公共性"，戴扬强调实践参与的"公众"观及"公共领域"观，等等。他们彼此之间理论视角有别，建树各有千秋，但都为后续的研究者做了很好的铺垫。

需要补充说明的是，汤普森批评哈贝马斯《公共领域的结构转型》忽视平民公共领域以及对大众文化看法过于消极，并在此基础上提出"新公共性"理论。汤普森的"新公共性"是指"以传媒为中介的公共性"，它与哈贝马斯"公共领域"定义的主要区别在于"去空间化"和"非对话性"，并且与技术媒介创造的新的可见性媒介类型相关。汤普森把这种公共性称为"可见的公共性"，以区别于哈贝马斯的"对话的公共性"。可以认为，哈贝马斯与汤普森的公共领域观都带有"媒介技术决定论"意味，只是前者是悲观的，后者是乐观的。

值得注意的是，汤普森与泰勒的公共领域观①中都有淡化空间场所的意味，即强调传媒这种物质化的存在对于公共领域建构的重要意义。只不过泰勒的公共领域是议题导向的，而汤普森的公共领域是媒介导向的。如果再把法国社会学家戴扬的"积极的公众观"②补充进来，三位理论家的成果就可视为对哈贝马斯理论的完整修正了。因为，在现代社会，只有积极和主动的公众与具备公共性的议题相结合，并且有大众媒介作为参与平台，才可能产生公共领域，不论这些讨论是发生在实际存在的物理空间，还是发生在公众想象出来的社会共同体中。

总体而言，西方研究公共性及公共领域的学者主要站在政治哲学高度，以"国家—社会"视角或"传媒—民主"视角为切入点，分析传媒公共性与公共领域问题，并且不约而同地把传媒公共性作为民主政治的重要保障来看待。

---

① 泰勒是加拿大政治哲学家，他认为公共领域是一个元主题的（超脱于"主题性公共空间"，经由"媒介式想象"实现）、极端世俗化的、外在于政治的、多层级的公共空间。另可参见王新生，宁乐锋. 现代公共领域及其特性：查尔斯·泰勒的公共领域概念评析［J］. 江海学刊，2008（4）.

② 参见徐贲. 传媒公众与公共事件参与［EB/OL］.（2004-12-06）［2018-05-01］. http：//www. aisixiang.com/data/4850.html.

### （二）以中国传媒公共性及公共领域为对象的研究

20 世纪 90 年代中后期，传媒公共性及相关的公共领域问题开始成为我国新闻传播学界关注的热门领域，并衍生出一系列相关议题。香港《传播与社会学刊》2008 年第 6 期刊出"中国内地传媒改革 30 年回顾专辑"，将传媒公共性问题作为传媒研究的核心议题，组织了一批内地及香港学者的文章进行深入探讨。内地的新闻传播学术杂志《新闻与传播研究》《国际新闻界》《新闻大学》和《现代传播（中国传媒大学学报)》等也策划并刊发了一批关于媒介公共性与公共领域的专题讨论文章。其中，较具代表性的有李良荣的《论中国新闻改革的优先目标：写在新闻改革 30 周年前夕》《新闻改革 30 年，三次学术讨论引发三次思想解放》、余建新和强月新的《我国当前传媒与公共领域问题研究现状与反思》、夏倩芳和黄月琴的《"公共领域"理论与中国传媒研究的检讨：探寻一种国家—社会关系视角下的传媒研究路径》等。[①] 总体而言，这些成果多是围绕传媒公共性的"应然"方面所作的抽象讨论，理论创见较有启发性，但缺少"实然"方面的深刻呈现，即缺乏结合我国传媒公共性实践的种种现象所开展的实证研究。当然，无论是应然性的理论建构，还是实然性的实践分析，在传媒公共性及公共领域问题的论述上都略显底气不足。

### （三）网络媒体公共性及网络表达和网络舆论研究

传播科技带来的社会影响一直都是学界关注的热点话题。互联网诞生以来，讨论的主题逐渐转向新媒体的社会影响，尤其是互联网与民主政治的关系问题。有的研究者对新技术与社会、技术与民主政治的关系持乐观态度，如尼葛罗庞帝（Nicholas Negroponte）的《数字化生存》、托夫勒（Alvin Toffler）的《第三次

---

① 参见李良荣. 论中国传媒改革的优先目标：写在新闻改革 30 周年前夕 [J]. 现代传播（中国传媒大学学报），2007（4）；李良荣，戴苏苏. 新闻改革 30 年：三次学术讨论引发三次思想解放 [J]. 新闻大学，2008（4）；余建清，强月新. 我国当前传媒与公共领域问题研究现状与反思 [J]. 西南交通大学学报（社会科学版），2007（6）；夏倩芳，黄月琴. "公共领域"理论与中国传媒研究的检讨：探寻一种国家—社会关系视角下的传媒研究路径 [J]. 新闻与传播研究，2008（5）.

浪潮》、波斯特（Mark Poster）的《第二媒介时代》、莱文森（Paul Levinson）的《新新媒介》等；也有研究者对此持悲观和批判的看法，如基恩（Andrew Keen）的《网民的狂欢——关于互联网弊端的反思》、布朗（John S. Brown）和杜奎德（Paul Duguid）的《信息的社会层面》等；还有比较全面系统地进行观照的研究成果，如卡斯特（Manuel Castells）的"信息时代三部曲"（包括《网络社会的崛起》《认同的力量》《千年终结》）和查德威克（Andrew Chadwick）的《互联网政治学：国家、公民与新传播技术》等。

在卡斯特看来，二战结束以来，信息技术成为全球化浪潮的核心推动力，尤其是 20 世纪 80 年代后信息革命和资本主义生产方式高度结合，构造了一个全新的社会形态——"网络社会"，并迅速扩展到全世界，给世界各地的社会生产及生活带来全方位的影响。卡斯特认为，信息时代增加了个人独立性，但信息化削弱了人们的国家和社会认同感，因而有必要建立"恰当的国家认同感"。他的理由在于，信息时代充满不确定性和权力的分散化，人们抵御风险、保障生活、维护权利和尊严都有赖于适当的国家权威持续存在，它将在传统家庭解体、社会团体日益消解、文化与信仰遭受冲击的情况下，承担建构国家和社会认同、驱除普遍存在的无力感，并激发个体重新焕发创造力的使命。①

公共领域是一个意识形态意味浓厚的概念，必然与民主政治问题相关联，其中就包含了传媒的公共性及其与民主政治的关系问题。查德威克的《互联网政治学：国家、公民与新传播技术》一书系统研究了互联网与民主政治的关系，其基本观点是，人们出于各自不同的动机和价值立场，会对互联网的民主政治潜能产生不同的判断和期待，有时会高估，有时则会低估；但现阶段，由于网络政治发展面临种种不确定性，对网络民主问题试图得出确切结论是不明智的，也是不可能的。所以，互联网政治潜能未来的发挥空间及其效果，主要取决于使用它的目的与方法。

美国学者桑斯坦（Cass R. Sunstein）从法学角度研究了网络表达、网络舆论

---

① 曼纽尔·卡斯特. 网络社会的崛起 [M]. 夏铸久，等译. 北京：社会科学文献出版社，2003：569-578.

与政治及社会的关系问题，其著作《网络共和国：网络社会中的民主问题》《信息乌托邦：众人如何生产知识》在中国学术界影响较大。在《网络共和国：网络社会中的民主问题》一书中，桑斯坦认为，获取信息的方便快捷以及"量身定制"会造成信息窄化，其结果是社会趋于分裂，各种仇恨群体更容易相互影响。鉴于此，政府介入并提供一个多元的环境具有合法性和必要性。<sup>①</sup> 在《信息乌托邦：众人如何生产知识》一书中，桑斯坦的观点则稍稍偏向乐观。他认为，在信息超负荷的网络时代，尽管人们很容易退回"信息茧房"式的偏见里，甚至因为群体极化而成为暴徒，但是，许多以互联网为基础、令人震惊的信息分享和聚合的方法有助于个人获得和创造不断增长的准确知识，许多头脑聚集在一起上网的努力可能会提供最好的通向信息乌托邦之路。<sup>②</sup>

华人学者对于网络政治及网络表达的研究中，代表性的成果有胡泳的《众声喧哗：网络时代的个人表达与公共讨论》、杨国斌的《连线力：中国网民在行动》等。《众声喧哗：网络时代的个人表达与公共讨论》一书中提出的"共有媒体"概念具有较强烈的公共意识和旨趣，胡泳试图在书中讨论"互联网会不会促成中国社会的大幅转变"这一命题。在胡泳看来，对于网络溢美和理想化是需要警惕的，同时也应肯定互联网对于当下中国的价值，因为网络在当下和未来都是各种力量对话和博弈的主要平台。而且，至少有两点可以相信：一是网络大众具有信息上的优越性；二是互联网能够成为公共言论的有效出口。<sup>③</sup>《连线力：中国网民在行动》一书以 20 世纪 90 年代中国社会的民间抗争行为作为考察对象，以情感逻辑为切入视角，再现了网络社区既作为抗争的社会基础，又作为抗争结果的过程，显示了"抗争挑战控制，同时也适应控制"的网络行为与现实权力的互动机制。<sup>④</sup>

---

① 凯斯·桑斯坦. 网络共和国：网络社会中的民主问题 [M]. 黄维明，译. 上海：上海人民出版社，2003：36-61，89-116.

② 凯斯·桑斯坦. 信息乌托邦：众人如何生产知识 [M]. 毕竞悦，译. 北京：法律出版社，2008：236-243.

③ 胡泳. 众声喧哗：网络时代的个人表达与公共讨论 [M]. 桂林：广西师范大学出版社，2008：78-89，328-334.

④ 杨国斌. 连线力：中国网民在行动 [M]. 邓燕华，译. 桂林：广西师范大学出版社，2013：219-249.

另外，王淑华的《互联网的公共性》、周永明的《中国网络政治的历史考察：电报与清末时政》、郭玉锦等的《网络公共领域建构研究》、蔡翠红的《网络时代的政治发展研究》、付宏的《基于社会化媒体的公民政治参与》、朱丽峰的《网络民意与政府回应问题研究》、胡泳的《网络政治：当代中国社会与传媒的行动选择》等著作，都从不同角度研究了当下中国互联网发展带来的政治及社会变化，并在不同程度上回应了网络政治的多种可能及局限等问题。

### （四）社会化媒体及其社会功能研究

社会化媒体近年来已成为传播学、社会学、政治学、文化学、经济学和管理学的研究热点，但笔者检索发现，直接以社会化媒体为研究对象的成果主要体现为论文，相关专著较少。何威的《网众传播：一种关于数字媒体、网络化用户和中国社会的新范式》和彭兰的《社会化媒体：理论与实践解析》是其中比较重要的著作。另外还有一些在主题上未直接表明研究社会化媒体，但其实是以社会化媒体的传播现象为研究对象的著作，如王贵斌的《Web 2.0 时代网络公共舆论研究》、李红的《网络公共事件：符号、对话与社会认同》、陈红梅的《互联网上的公众表达》、吴世文的《新媒体事件的框架建构与话语分析》等。还有部分研究将对象定位于"社交媒体"，其范畴与社会化媒体大体重合，也可视作这一领域的成果，其中影响较大的国外著作有英国学者斯丹迪奇（Tom Standage）的《从莎草纸到互联网：社交媒体 2000 年》、美国学者克莱·舍基（Clay Shirky）的《认知盈余：自由时间的力量》，国内著作有芦何秋的《社交媒体意见领袖研究——以新浪微博平台为例》、董向慧的《微博如何改变社会：社交媒体与社会风习研究》、张天培的《中国社交媒体中的政府信息流研究》等。

何威的《网众传播：一种关于数字媒体、网络化用户和中国社会的新范式》是对社会化媒体的一次综合考察。一方面，该书对社会化媒体传播实践的各主要侧面予以关注和阐释，如中国式语境、传播主体、媒体形态及特性、信息流动特征与模式，以及传播过程中的文化、规制与权力问题，可谓面面俱到；另一方面，该书试图建构一个全新的概念与解释模型——"网众传播"，即基于"网络传播"概念指称性和解释力不足，尝试建构一个能与人际传播、组织传播和大众传播等经典概念具有同样效力的概念与模式。何威的研究也涉及社会化媒体传播实践对于中国社会的影响与意义，并提出了一个值得深思的问题：如果有人认为，自己确实无所适从，更不知道需要什么，那么究竟是人们身处的信息环境、使用的媒介技术出了问题，还是作为行为主体的"我"尚不具备足够的能力素质来担当责任、作出选择？<sup>①</sup> 因为在以社会化媒体为信息传播主渠道的网众时代，内容生产和传播开始分离，"创造力"与"传播力"哪个更重要或更具影响力也成为一个问题。这既考验网络传播环境，更考验网众自身的素质。

彭兰的《社会化媒体：理论与实践解析》虽是以教材的形式出版，但也是研究社会化媒体时值得参考的一本著作。该书对社会化媒体进行了全面梳理，其中很多内容是较深入的学术思考和理论总结。

在《从莎草纸到互联网：社交媒体2000年》这本独特的著作中，斯丹迪奇用社交媒体这一自定义的概念及视角打通了西方世界几千年的文明史，提供了关于社交媒体的一种更宏大的叙事及令人信服的分析。斯丹迪奇认为，在新老媒体跨时代对比中，以书信、手抄本等为主要媒介的时代，基于社交关系网中人对人传播信息的媒体环境同今天有许多相似之处，21世纪的互联网在很多方面与17世纪的小册子或18世纪的咖啡馆相通，但与19世纪的报纸或者20世纪的广播和电视大相径庭。媒体发展经过大众媒体的插曲后，正在回归类似于工业革命之前的形式。

克莱·舍基提出了"认知盈余"概念，试图说明信息社会中信息消费者能成为信息生产者以及参与网络协作的一个重要支持条件。在《认知盈余：自由时间的力量》一书中，克莱·舍基指出："当我们使用网络时，最重要的是我们获得了一个联系的接口。我们想和别人联系在一起，这是一种电视无法满足的诉求，但实

---

① 何威.网众传播：一种关于数字媒体、网络化用户和中国社会的新范式 [M].北京：清华大学出版社，2011.

际上我们可以通过社会化媒体来满足它。"① 他进而认为，"媒体是社会的连接组织（connective tissue）"②。这种表达完全颠覆了传统意义上的媒体概念，但的确与社会化媒体的特征相吻合。克莱·舍基还在另一本著作《未来是湿的：无组织的组织力量》中进一步阐明了社会化媒体普及所形成的社会力量："群体的形成现在变得如探囊取物般容易"，"我们的能力在大幅增加，这种能力包括分享的能力、与他人互相合作的能力、采取集体行动的能力，所有这些能力都来自传统机构和组织的框架之外"。③ 他提到的各种能力正是通过社会化媒体给普通人赋权实现的。

另有不少的硕士和博士学位论文将社会化媒体作为研究对象，研究主题涉及多个方面，如：社会化媒体的定义、构成及其特征，社会化媒体与传统媒体的比较及互动、融合，社会化媒体在具体公共事件中的表现及社会影响，社会化媒体信息传播的社会学及政治学意义，等等。

关于社会化媒体的特征，付玉辉在《社会化媒体：未来的确定性和不确定性》一文中认为，社会化媒体具有"个性化、中立性和工具性特征"④。相比之下，前述《网众传播：一种关于数字媒体、网络化用户和中国社会的新范式》一书对社会化媒体特性的总结更为全面，分别为：（1）所有者隐身幕后；（2）人人均可参与；（3）形成社会网络；（4）用户创造内容；（5）化内容为源流；（6）不同社会化媒体之间网络化。

关于社会化媒体与传统媒体的比较及互动、融合，很多研究者既对社会化媒体寄予厚望，又期待社会化媒体能帮助传统媒体提升新闻生产能力和影响力。这是一种颇为矛盾的心态。如在《社会化媒体对传播方式的影响分析》中，作者张哲认为社会化媒体"有助于促进传统媒体的革新，有助于提高信息收集能力，有

---

① 克莱·舍基. 认知盈余：自由时间的力量 [M]. 胡泳，等译. 北京：中国人民大学出版社，2011：18.

② 克莱·舍基. 认知盈余：自由时间的力量 [M]. 胡泳，等译. 北京：中国人民大学出版社，2011：61.

③ 克莱·舍基. 未来是湿的：无组织的组织力量 [M]. 胡泳，等译. 北京：中国人民大学出版社，2009：12-13.

④ 付玉辉. 社会化媒体：未来的确定性和不确定性 [J]. 互联网天地，2011（9）.

助于人类信息协作"①。杨珍在《社会化媒体引发了传媒业格局的改变》一文中总结:"传统媒体正在加速与新媒体的融合,逐渐形成了你中有我、我中有你的媒体产业新格局。"②彭兰在《社会化媒体与媒介融合的双重挑战》一文中提出了更为务实且颇具前瞻性的看法:社会化媒体正以"为公民新闻赋权"、以"个人门户"冲击"大众门户"、"关系为王"等优势影响传统的新闻传播格局,媒介融合是大势所趋,但"融合不是目的……通过融合达到更高层次的多样化才是终极目标"。③

关于社会化媒体传播活动的社会作用与影响,广泛的社会参与和多元互动实践引起许多研究者乐观看待社会变革的可能方向。在此起彼伏的网络热点事件中,社会化媒体的广泛社会影响日益呈现,网络舆论、公共领域、社会动员、微博问政等话题成为研究热点。郭彦刚在《社会化媒体对公共领域建构的现实思考》一文中认为,新兴社会化媒体具有构建公共领域的基因(公众赋权、信息高效聚合、对话交流),但公共领域的建构还需要社会化媒体推动公共活动的社会化、公民参与公共活动制度化和经常化。④李维益在《网络政治传播转向的动因和影响分析》一文中甚至大胆提出社会化媒体推动"第四次思想大解放即将到来"的乐观预测。⑤顾明毅和周忍伟在《网络舆情及社会性网络信息传播模式》一文中应用参与体验理论分析网络舆情中的受众体验,从受众升级、媒体升级、舆情升级三方面结合提出社会化媒体信息传播模式下网络议题的升级模型,并据此提出相应的网络舆情管理措施。⑥

总之,国内学术界针对社会化媒体的研究成果数量可观,但突出其工具价值的居多,深入体察并分析其人文价值的偏少;或者偏向于将社会化媒体的局部功能及表现当作总体特征或发展趋势,对其社会影响缺乏全面而深刻的把握;或者不自觉地脱离中国社会的媒介环境及网民的群体意识和心理习惯来讨论社会化媒

① 张哲. 社会化媒体对传播方式的影响分析 [J]. 人民论坛, 2011 (8).

② 杨珍. 社会化媒体引发了传媒业格局的改变 [J]. 新闻知识, 2010 (5).

③ 彭兰. 社会化媒体与媒介融合的双重挑战 [J]. 新闻界, 2012 (1).

④ 郭彦刚. 社会化媒体对公共领域建构的现实思考 [J]. 青年记者, 2013 (3).

⑤ 李维益. 网络政治传播转向的动因和影响分析 [J]. 今传媒, 2009 (6).

⑥ 顾明毅, 周忍伟. 网络舆情及社会性网络信息传播模式 [J]. 新闻与传播研究, 2009 (5).

体的功能与社会影响，致使部分研究结论略显主观和武断。

## （五）对新媒体传播的哲学与文化反思

传播技术发展及媒体的更新换代常常与人类对未来的美好预期相关联，所以往往被贴上"科学"与"进步"的标签。但世间万物，有一利必有一弊，互联网与新媒体，以及与其相关的种种传播现象同样逃脱不了这个规律。正因为如此，中外学者的研究中也不乏对网络技术、新媒体传播进行哲学及文化层面思考与批判的成果。

卡斯特在《网络社会的崛起》一书中借用克兰兹伯格（Melvin Kranzberg）的话说"技术既无好坏，亦非中立"[①]。美国文化学者波斯曼（Neil Postman）在《技术垄断：文化向技术投降》一书中对信息过载导致的技术垄断文化进行了深入分析，认为新技术改变了人们的兴趣结构，改变了人们赖以思考的符号，也改变了社群的性质，但人们对这些改变认识模糊，因此也不能从文化上作出有效应对，这给我们的社会带来巨大的危险。在波斯曼看来，"技术变革不是数量上的增减损益的变革，而是整体的生态变革"[②]。基于这个判断，波斯曼对信息社会及其发展前景的判断是：为了应对技术带来的信息过载，我们的社会又转而利用技术的方式来控制信息流，其结果是社会被进一步技术化。当前社会用以控制信息流的手段主要有三种：一是行政制度上的官僚主义，通过摧毁具体情景中的一切细节来提高效率，使制度实施中本应包含的思想、政治和道德价值无容身之所；二是社会关系领域的专业技能控制，专家筛选知识，为普通人提供指导，但离开了技术机器，专家其实也一无所能；三是技术性专制，专家为了操作的方便，制造出各种"软技术"将一个个抽象而多面的意义简化成可以量化的表格，人的复杂感知和能力被转换成可以测量的数据，而意义却不知所终。[③]波斯曼的上述判断虽然是针对世纪之交美国信息技术发展带来的社会图景，但时至今日，面对互联网应用的高度普及和信息传播现象的千变万化，其前瞻性和普适性不言而喻。

---

① 曼纽尔·卡斯特.网络社会的崛起 [M].夏铸九，等译.北京：社会科学文献出版社，2001：90.
② 尼尔·波斯曼.技术垄断：文化向技术投降 [M].何道宽，译.北京：北京大学出版社，2007：9.
③ 转引自陈红梅.互联网上的公众表达 [M].上海：复旦大学出版社，2014：19.

法国文化理论家维利里奥（Paul Virilio）以时间为切入点，对当代媒介技术发展的本质及其内涵作了富有洞察力的论述，提出"媒介速度学理论"，即从速度和效率两个维度分析人类对媒介技术的不懈追求。这个高度抽象的概念背后蕴含的是对人类无休止地追求科技进步的一种反思与警醒。维利里奥对互联网传播现状及发展趋势明确表达了忧虑。在他看来，与以往所有的传播技术相比，互联网传播将对速度的追求推向了极致。在人类的历史发展进程中，人们日常使用的时间，或者时间的实用意义总是指向地方性，时间也只有跟地方性事件联系在一起才有价值，时间也就这样自然地与一个地方的历史、文化和生活方式融为一体。但进入互联网时代后，实时比实地更具有优先价值，这不仅给地缘政治带来威胁，也直接威胁到民主制度本身，因为民主总是与地域联系在一起的。同时，对实时性的追求也就意味着对速度的追求，快速的传播自然会淡化"此处"（here）与"别处"（there）区分的意义。如此一来，留在人们意识里的只是一种杂糅了近与远、现代与未来、真与假的混乱印象的历史或故事，以及"传播技术带来的幻觉乌托邦的混合物"①。正如黄厚铭对维利里奥研究旨趣的概括："在科技的速度不断提升，电子媒介的即时速度及科技进展本身的步调也不断加快的今天，一方面我们的控制能力更显落后，另一方面时间差也越来越致命，而且令人无法承担，因此也就更有必要思考即时性电子媒介所蕴含的风险内涵。"②

维利里奥的媒介速度学理论呼应了人类文明史上诸多哲人和思想家对人的本质及技术与社会二者关系的思考，如康德的主观时间哲学、海德格尔关于存在与时间的哲学思考、本雅明关于幻觉与碎片的论述等。而后现代理论中一个重要的主题就是对技术控制社会的反思：技术作为工具为人类创造了一个崭新的世界，进而又反过来控制了人类。维利里奥把时间性看作技术发展的本质，从速度切入对技术发展所作的批判，给我们提供了思考的新视角和有益启示，也暗合了后现代理论的旨趣。

上述对于互联网及新媒体的反思与批判视角在后现代理论阐述中十分常见。

---

① Virilio P. The Art of the Motor[M]. Minneapolis: University of Minnesota Press, 1995: 35.

② 黄厚铭. 迈向速度存在论：即时性电子媒介时代的风险 [J]. 新闻学研究, 2009（10）.

我们不应将这些研究视为剑走偏锋的吹毛求疵，而应当作严肃的思考和有价值的提醒。趋利避害既是人类的生物本能，也是理性选择的方向。认真对待那些乐观结论之外的冷峻思考，对于我们及时修正自身行为，并调整我们与媒体技术之间的关系，应当不无裨益。

## 四、理论取向

### （一）结构功能主义理论

结构功能主义又称功能主义（structural functionalism），是现代西方社会学的一个影响深远的理论流派。该理论把社会看成具有一定结构或组织化的系统，系统内各组成部分以有序的方式相互关联，并各自在社会整体中发挥必要的功能。但结构功能主义理论很难为具体研究提供可操作的工具和方法，从这个意义上说，结构功能主义与其被称为一种理论，还不如被当作一种看待和分析问题的视角。

本书所涉及的媒介功能，是指媒介在社会系统中具有的性质和所起的作用。对于媒介功能的认知与分析，可以说是运用结构功能主义理论分析媒介与社会互动关系的一次具体实践。国内的社会化媒体所表现出来的传播功能，只有放在当下中国的媒介生态及信息传播格局中考察才有意义。这些功能是在与社会系统中其他结构性因素的互动中形成的，具有特定而具体的社会意义。

### （二）协商民主理论

协商民主（deliberative democracy）理论是20世纪后期西方学术界提出的一个新的政治哲学理论范式。这一理论源自传统的自由民主和批判理论，但又实现了对后者的超越。协商民主理论认为，一个国家内部多个以种族、语言或宗教来区分的政治力量并存具备历史和现实的合理性，但同时也可能保持稳定性，这种稳定主要通过各个族群、阶层及政治势力之间经过实践逐渐形成的协商机制而获得。协商民主理论的核心是协商与共识。它以承认和接受社会的多元化和存在矛盾冲突为前提，主张通过公民参与讨论和协商，对社会公共事务达成广泛共识。该理论认为，协商民主有助于矫正自由主义的不足，同时也有助于不同层面政治共同体的政治实践。

在我国公共表达主体及利益诉求日益多元化的今天，参考并运用西方协商民主理论的合理内核，推动社会对话与交往，并促进社会共识达成，应是一条可尝试的道路。

### （三）后现代理论

后现代主义（postmodernism）是一种极为复杂的理论思潮，但在其复杂多样的表象背后也存在基本一致的内核，或者说不同的后现代理论家还是有一些本质的共同点。一言以蔽之，就是对传统思想文化的批判和超越，也是对影响人类思想文化数百年之久，以进步主义、发展眼光等带有线性特征的现代主义的一种反思与反叛。20世纪以来，后现代理论思潮在哲学、文学、艺术、社会学等领域产生了广泛的影响。

社会化媒体是一种具有强烈的后现代色彩的媒介形态，其具体传播实践也表现出颠覆和消解传统的特征，尤其体现在对传统的传播格局、机构话语主导权、精英文化垄断、政治话语的宏大叙事、传播主体与传播客体分离的传播机制等存在物的消解，并表现出鲜明的碎片化、个性化、去中心化、非系统化等后现代特征。所以，后现代主义视角对于观察和分析社会化媒体的特点与社会作用具有很好的理论适用性。

## 五、研究方法

### （一）文献研究法

在对本书主题"社会化媒体的公共表达"的研究过程中，笔者大量搜集、阅读和梳理与公共性、公共领域、传媒功能、后现代主义、协商民主等相关的理论著述，以及与社会心理、社会认同、社会共识相关的文献，并在结构功能主义理论框架内，借用了国内外传播学、社会学、政治学、文化研究的相关理论成果。

### （二）内容分析法

内容分析法是对媒介记载和传播的内容进行客观、系统和定量描述与分析的一种研究方法。本书在写作过程中需要对论坛、博客、微博和微信公众号的一些主题内容进行分类收集，并做量化分析。内容分析法具有研究成本低、返工率低、研究对象不受干扰等优点。最重要的是，内容分析法可以对某一研究对象进行历时性研究，还可以在综合采用定性研究与定量研究方法的基础上对研究对象进行多层面的分析。

### （三）个案研究法

个案研究法是一种定性研究方法，适用于对个体、群体、组织、社区或具体事件进行深入全面的"解剖麻雀"式研究。其主要难点在于个案选择的典型性和代表性。本书选择了 2～3 个网络热点议题，如"转基因论战""延迟退休讨论"等，进行较为深入的个案分析。通过对研究对象的深入观察与分析，可以获得翔实、生动的一手资料，能够较好地反映事件的发生、发展及变化过程，呈现事件的总体面貌，并把握事件的本质。

## 六、研究创新点与难点

### （一）研究的创新点

一是创新研究视角，拓展社会化媒体研究的深度。以公共表达为切入点，研究社会化媒体中的信息传播行为及过程，是一个比较新颖的角度。这个研究视角既是在网络传播环境中对"媒介公共性"这个新闻传播学核心问题的关注与呼应，也是对中国的传播媒介与社会发展之间互动关系的一次深入解读。社会化媒体既依赖于人际网络又拓展了人际网络，并通过私人化的信息交流表现了其人际传播的一面；同时，又因为对社会公共事务的关注和即时讨论，展现了其大众传播的另一面。这两个面相互依存又相互影响。公共表达正好成为这两个面相之间的连接点。

二是拓展研究对象，丰富网络舆论研究的内涵。公共表达既不等同于网络舆论，又与网络舆论高度相关，它构成了网络舆论的基础环节，也作用于网络舆论的形成过程及演化机制。现有的网络舆论研究大多是整体性研究和结果研究，即将网络舆论当作"意见的总和"或"意见的趋向"来研究。但不同的舆论究竟是如何形成的，网民个体在舆论形成过程中所起的作用如何，对这些问题，现有的舆论研究似乎无能为力，以个体表达为对象的研究则可以补充其不足。同时，公共表达研究的价值超越了当前网络舆论研究的功利主义追求，它关注网络行为、网民心理、网络语言及其背后的制约条件等要素。正因如此，公共表达研究也成为网络社会学的重要组成部分。

## （二）研究的难点

一是由具体表达行为及过程通向整体结论的困难。表达总是在个体层面展开的，也往往与具体的事件相联系，其呈现方式一般流于细碎，所以难以整体把握。这就给深入研究带来较大的困难。公共表达案例随处可见，且多如牛毛，但所依托的事件和针对的议题迥异，网民的表现也千差万别。在这种情况下，哪些才是具有代表性的案例？什么样的考察方法及角度才能保证我们了解到公共表达的多个侧面，进而形成整体性的判断？这是研究的最大难点。

二是解决实然与应然、事实判断与价值判断矛盾的困难。由于种种原因，网民运用社会化媒体参与公共表达呈现多种面相，不同面相与事件的性质及具体语境高度相关。但已有的研究结论并未达成广泛共识，而是呈现明显的二元对立，积极称赞和肯定是一极，否定和反思是另一极，所谓辩证地"各打五十大板"的结论似乎也只是一种无立场的折中之选。这些对立和分歧也表明，公共表达具有意识形态特征，对其进行科学合理的判断本身难度较大，不仅取决于研究者个人的价值观，还与研究者如何看待中国的社会现实，以及如何看待媒介与社会的互动关系有关。以上种种，都对本书结论的客观性和适用性提出挑战。

第二章

# 媒体的公共性与公共表达

"公共性"问题由来已久。20 世纪 90 年代以来，由于政治、经济及文化环境变化，公共性再次成为众多学科争相关注的热门话题。在新闻传播领域，学界普遍认为，媒体公共性缺失是全球性危机。[①]中国的传媒体制和管理模式比较特殊，正因如此，媒体公共性也一直备受关注且颇具争议。本书认为，公共性的有无与程度多寡是媒体生存发展中一个根本问题，关系到媒体在与政治及商业力量的博弈中如何自我定位、如何平衡经济效益与社会效益、能否引领公共表达并成为社会公共领域之重要组成部分等一系列重大问题。在中国当下的传媒生态中，公共性问题甚至直接关系到传媒改革的方向把握与目标设定。

## 一、公共性理论的起源与发展

### （一）公共及公共性问题

公共性源于"公共"一词。有趣的是，中国和西方古代典籍中都出现过这一词语，说明"公共"是人类社会共同关心的话题，或者说，它与人的社会性有关。在汉语世界里，"公"的意思是平均，"共"则指合力。通俗地理解，即指公有的、公用的。《史记·张释之冯唐列传》载："法者天子所与天下公共也。今法如此而更重之，是法不信于民也。"这里的"公共"即公有、公用的意思。同样成书于西汉的典籍《礼记·礼运篇》中也有"大道之行也，天下为公"一说，表达了古人对"天下大同"的美好向往。可惜的是，虽然中国文化里很早就有"公共"的概念和意识，但迟至近现代也未发展出成熟的、体系化的公共性理论。

---

① 肖生福. 传媒公共性之内涵解析与考察框架 [J]. 社会科学论坛，2010（9）.

据考证，西方对公共一词的使用源于古希腊，这与当时的城邦生活密切相关。在希腊语中，公共的对应词为 pubes 或 maturity，是指一个人已进入成年期，能够理解自我和他人之间的关系。不久之后，拉丁语中也出现表达"公共"的词语，为 koinon，意思是"关心"。这两个来自西方的词源合起来，即意味着一个人不仅能与他人合作共事，而且能够为他人着想。① 显然，当时这些词语已经有了公共性的意涵，即对城邦公民德性的概括。这是西方文化对于公共性的传统理解和古典理解。

西方社会自 16 世纪进入近现代以来，以商品化、工业化为特征的资本主义生产方式及生活方式逐渐取代农业文明，成为社会生活的主流。公和私、公域和私域的界限便逐渐成为一个社会问题，公共性也随之成为一个需要学术界和思想界认真对待的命题。

## （二）公共性理论的产生与流变

虽然公共性问题由来已久，但公共性作为一个理论概念进入西方学术话语却是在晚近时期。正如美国著名政论家李普曼在《公共哲学》一书中所言，现代社会之前，人类社会建立在理性秩序的普遍法则之下，这种普遍理性秩序的观念集中体现在罗马法中，长期为西方带来和平与秩序。② 李普曼认为，即使是在 1500 年之后的新时代，自然法学派③仍然发挥着积极的作用。但是，随着晚近工业革命的发生、普选权的普及以及民众的解放带来多元主义，自然法学派显得力不从心。

---

① 乔治·弗雷德里克森. 公共行政的精神 [M]. 张成福，等译. 北京：中国人民大学出版社，2003：19.

② 李普曼. 公共哲学的复兴 [M]// 刘军宁，等. 市场逻辑与国家观念. 北京：生活·读书·新知三联书店，1995：37.

③ 自然法学派是兴起于欧洲启蒙运动时期的法学学派，在世界范围内长期居主流地位，代表人物为格劳秀斯、洛克、孟德斯鸠、卢梭、潘恩、杰斐逊等。自然法学派特别重视法律存在的客观基础和价值目标，即人性、理性、正义、自由、平等、秩序，重视对法律的终极价值目标和客观基础的探索。自然法学派认为存在一个实质的法价值，这个法价值独立于实定法之外，且作为检定此实定法是否有正当性的标准。自然法学说认为，在自然，特别是在人的自然本性中，存在着一个理性的秩序，这个秩序提供一个独立于人（国家立法者）意志之外的客观价值立场，并以此立场去对法律及政治的结构作出批判性的评价。

这就使得现时代比以往任何时代更需要一种带有共同约束准则的公共哲学。特别是第一次世界大战对公共秩序的破坏，使得现代人的孤独和焦虑产生了一种公共意义上的政治效应，"大多数人都不再能够获得安全感与心灵的平衡了"。①

与李普曼同时代的美国哲学家杜威同样关注了公共性缺失并引发社会问题的深层原因。在《公众及其问题》（1927）一书中，杜威指出，商业化程度加重和社会关系的强化使人们更加注重自我利益和社会交往，这无疑会导致人们社会性的增加，但遗憾的是公共性并未随之增加。杜威认为，公共性之所以丧失，是因为人们不能或不愿组织起来，参与到以维护共同利益为目的的政治共同体之中。② 很显然，李普曼和杜威对于"公共性"问题的学术兴趣根植于西方的社会文化土壤，体现了 20 世纪初期西方学者的问题意识。

20 世纪以来，公共性概念在哲学、政治学、经济学、法学、社会学、文学等领域得到广泛的运用和讨论。但由于不同学科存在不同的话语结构和理论追求，不同的使用者对公共性概念的理解存在较大差异：有作为分析工具的公共性，有作为公共精神的公共性，有作为最新理念的公共性，有作为价值基础的公共性，有作为公平正义的公共性，有作为理性与法的公共性，等等，不一而足。③ 在不同学科对于公共性的多维理解中，哲学以其特有的抽象性和穿透力提供了更具普遍性和启发性的思考。当然，在哲学学科内部，不同学者对于公共性的理解因其针对的问题不同、立场不同，也会发展出旨趣不同、风格各异的公共性理论。本书选择了在公共性理论发展源流中产生过较大影响的三位理论家——阿伦特、哈贝马斯、罗尔斯，对其理论主张略作梳理和介绍。

1. 阿伦特的古典公共性理论

在西方思想界，提到公共性，就很难绕开阿伦特。因为她最早从学理层面关注公共性问题，并对这个历久弥新的概念进行界定，还将其从遥远的历史陈

① 李普曼. 公共哲学的复兴 [M]// 刘军宁，等. 市场逻辑与国家观念. 北京：生活•读书•新知三联书店，1995：37.

② 约翰•杜威. 公众及其问题 [M]. 本书翻译组，译. 上海：复旦大学出版社，2015：128.

③ 曹鹏飞. 公共性理论的兴起及其意义 [J]. 北京联合大学学报（人文社会科学版），2008（3）.

迹中撷取出来，纳入现代哲学视野进行系统阐释。以古希腊城邦的政治实践为切入点论述公共性问题，是阿伦特从理论上阐释和复兴西方共和主义①传统的重要一环，阿伦特通过《极权主义的起源》《人的境况》（又译《人的条件》）和《革命论》三本著作实现了自己的构想。而在这个宏大的政治哲学命题下，公共性和公共领域一直是贯穿其中的主线，因为这是共和主义政治传统的要义之一。因此有学者如此评价阿伦特："她的任务就是从哲学上阐释政治现象的公共性本质。"②

阿伦特的公共性主要包含两层含义：一是"公开和在场"。"公开"指在公开场合出现并被所有人看到和听到；"在场"体现了世界存在的真实性。二是"共同"。"公共"是相对私有而言的，这意味着某些特定空间对所有人来说是共享的，不同于私人处所。阿伦特在这里强调了空间的共享感，她比喻说："仿佛一张桌子置于围桌而坐的人们之间，这个世界，就像每一个'介于之间'的东西一样，让人们既相互联系又彼此分开。"③

阿伦特的公共性理论奠基于她对人类活动的划分，即根据不朽性程度由低到高，将人类活动分为劳动（labour）、工作（work）和行动（action）。相应地，这三种不同的活动方式分别对应着公共性程度不同的三个活动领域：私人领域、社会领域和公共领域。

在阿伦特的论述里，"劳动"对应于人的生理过程，服务于人的生物本能，它为生命过程提供必需品。需求、劳作、消费、满足，再生产的需求、劳作……劳动就表现在这样一个永远无法摆脱的生命循环过程中。④由于劳动只关注维持生命有机体存续的必需品，所以是一个纯粹的私人领域。"工作"不是一种自然的活动，也不是借助于天赋能力完成的活动，它营造了一个与自然界截然不同的"人工"世界。在阿伦特看来，工作是掌握技艺者通过双手的技能制作出具有持

---

① 共和主义（republicanism）指认定政治权威最终来自人民同意的原则。拒绝接受君主和王朝统治原则，是西方一种古老的政治传统。一般认为，共和主义是由柏拉图创立，经由西塞罗、罗马法学家发展，到近代的马基雅维利、哈灵顿、弥尔顿，再到卢梭和雅各宾派那里终结，于二战后由阿伦特复兴。

② 陈闻桐．近现代西方政治哲学引论 [M]．合肥：安徽大学出版社，2004：85．

③ 汉娜·阿伦特．人的境况 [M]．王寅丽，译．上海：上海人民出版社，2009：34．

④ 汉娜·阿伦特．人的境况 [M]．王寅丽，译．上海：上海人民出版社，2009：74．

续存在性的人造物品，这种人造物品在时间上更为悠久，从而将一种稳定性和客观性带到人们的生活中来。[①] 它由无数单个生命构成又可以超越单个生命而存在，是一个以生产为单位联结起来的"既非私人又非公共的社会领域"。而"行动"，是唯一不需要借助任何中介而直接在人与人之间展开的活动，在古希腊的城邦社会，这种公共的共同行动形式就是政治活动。阿伦特认为，政治领域直接产生于公共的行动，即"言行的共享"。这样，行动就不仅与我们共同生活的这个世界的公共部分紧密相关，而且还建构了公共领域。

简而言之，阿伦特的公共性理论建构了一种古典的公共性，其考察对象是古希腊城邦社会的政治生活和社会状态。在阿伦特那里，政治行动可以等同于公共性，公共性就是政治性，政治性的核心就是公共性。[②] 阿伦特试图复兴的以希腊城邦制下直接民主为原型的古典公共领域，成为公共性的理想型，其公共性主要表现为五个特点：自由和平等；多样和差异；语言和行动；永恒；意见取代真理。[③]

2. 哈贝马斯的公共领域理论

在公共性理论的阐发上，哈贝马斯与阿伦特之间表现出较明显的继承与发展关系。哈贝马斯在其著作《理论与实践》中坦言，他对实践哲学复兴的观点受到了阿伦特等人对"实践"的重新阐释的启发。哈贝马斯的公共性理论主要体现在《公共领域的结构转型》和《在事实与规范之间》两本著作中。具体而言，其交往行为理论受到阿伦特从语言的层面阐释行动的启发；其公共领域思想则源于阿伦特的公共空间概念。哈贝马斯还直接宣称，其著作《公共领域的结构转型》（1961）是对阿伦特的《人的境况》（1958）的回应。[④] 当然，二者理论基点及指向性存在的区别也是明显的，阿伦特将古希腊奴隶制共和社会作为考察对象，试图复兴古典共和主义政治，并声讨和反抗政治极权主义；而哈贝马斯公共性理论

①　杨仁忠. 阿伦特公共领域理论范式的学术建构及其政治哲学意义 [J]. 河南社会科学, 2009（1）.
②　王淑华. 互联网的公共性 [M]. 北京：社会科学文献出版社, 2014：27-29.
③　王淑华. 互联网的公共性 [M]. 北京：社会科学文献出版社, 2014：27-29.
④　转引自孙磊. 规范与权利视角下的公共性：论哈贝马斯公共性理论的局限 [J]. 南京社会科学, 2010（8）.

的重点在于讨论现代资本主义民主社会的合法性问题。

在哈贝马斯的论述里，公共性与公共领域密切相关，或者说他的公共性理论正是蕴含在关于公共领域的各种分析中。公共性是公共领域的抽象化、原则化，即意味着"公共领域对所有公民无障碍地开放，公众在公共领域内对公共权力和公共事务的批判性"①。

哈贝马斯认同阿伦特的社会三分法，即私人领域、社会领域和公共领域的划分，也同样认为公共领域应具备开放性这一基本特征。但其公共性理论在研究的前期和后期还存在一个明显的转变。在其早期的研究中，公共领域概念是作为一个有较强批判色彩的词语出现的。在《公共领域的结构转型》一书中，哈贝马斯认为，传统的资产阶级公共领域是公民进行平等对话和对公共权力进行批判的领域，是批判性的公共领域，它构成了资产阶级统治的合法性基础；而商业力量的过度侵入导致了传统公共领域的结构转型，使其丧失了批判能力，并蜕化为消费性的公共领域，资产阶级政治统治的合法性因此受到质疑。"公共性原则不再担负使政治统治合法化的责任。……公众同时也远离了权力实施和权力均衡过程，以至于公共性原则再也不能证明统治的合法性，更谈不上保障其合法性了。"② 这一点与阿伦特借助古希腊城邦社会的公共性来批判二战前后极权主义政治抬头，并认为社会领域的兴起模糊了私人领域和公共领域的界限，从而导致传统公共领域的衰落有异曲同工之处。

哈贝马斯在研究的后期引入了交往行为理论，其公共领域理论建构完成了一个螺旋式上升和发展的过程，即完成了由批判性的公共领域向理性对话的协商性公共领域转化。③ 在其交往行为理论中，哈贝马斯继承和拓展了康德哲学中的理性思想，将康德赋予主体的理性发展为交往理性，即将理性运用的"主体性"改造为"主体间性"。也就是说，通过交往理性不但能够达成共识，而且公共舆

---

① 傅永军. 传媒、公共领域与公共舆论 [J]. 山东视听，2006（1）.
② 哈贝马斯. 公共领域的结构转型 [M].曹卫东，等译. 上海：学林出版社，1999：205.
③ 谭清华. 哲学语境中的公共性：概念、问题与理论 [J]. 学海，2013（2）.

论和公共意见因来自理性主体的自我表达和自我确证，从而也具有合法性。[①] 这样一来，其公共性理论就完成了由批判向建构的转型，即"重建交往理性，实现社会合理化"[②]。这与哈贝马斯致力于消除现代资本主义的弊端，完善现代民主理论，并论证现代民主社会的合法性的政治哲学追求相吻合。由交往理论推演而来的协商民主，也因此成为哈贝马斯在公共领域之外奠定的另一重要理论基石。

3. 罗尔斯的公共理性理论

在西方政治哲学和政治思想史中，罗尔斯对公共理性的分析和运用构成了公共性理论发展轨迹中的另一个重要节点。认为理性有公共性特点，这并非罗尔斯的首创。在西方思想史上，理性的公共性很大程度上来自自然法传统。[③] 早期的西方哲学家霍布斯、卢梭、康德等人的著作都涉及公共理性概念，但罗尔斯在继承前人理论成果的基础上，通过《正义论》《政治自由主义》等著作对其进行了更为深入的探讨——而影响也最为广泛，并成为 20 世纪下半叶以来公共性理论的最重要成果之一。

罗尔斯早期的代表作《正义论》是一本道德哲学著作。在该书中，罗尔斯将自由和平等两个被视为对立的价值原则融合起来，构建了"公平的正义"这一重要原则，并运用"原初状态"（社会契约达成前的状态）和"无知之幕"（遮蔽契约各方的差异）这两个重要概念，完成了对正义原则公共性的论证，不但确保了契约方就正义原则的具体所指达成共识，而且确保了正义原则的公共性，即契约各方共享。简而言之，只有在"公平的正义"原则支配下，最广泛的社会共识（社会"最大公约数"）才可能形成。而且，社会成员共享的公共文化也为正义原则提供了内容上的支撑。所以，"公平的正义"原则不仅在形式（程序）上是公共的，其所指向的具体契约内容也是公共的，即具有形式和内容的双重公共性。

《正义论》尽管运用一系列富有创造性的重要概念完成了对"公平的正义"合

---

① 谭清华. 哲学语境中的公共性: 概念、问题与理论 [J]. 学海，2013（2）.

② 王凤才. 哈贝马斯交往行为理论述评 [J]. 理论学刊，2003（5）.

③ 谭清华. 罗尔斯政治哲学中的公共性理念及其现实意义 [J]. 内蒙古社会科学（汉文版），2014（3）.

理性的论证，给民主社会提供了伦理基础，但其假设的前提过于理想，并且没有考虑到"理性多元并存"的社会现实，因而现实指导性有限。有鉴于此，罗尔斯继续前行，在《政治自由主义》中重点探讨了"公共理性"原则，试图解决"在理性多元论事实的前提下，一个稳定公正的社会如何可能"这一更为现实的政治理论问题。随着话题的转向和深入，罗尔斯的公共性理论也由道德哲学转向政治哲学。

罗尔斯认为，公共理性是一种政治理性，既是政治的，也是公共的。这是因为：其一，公共理性在本质上是民主社会中公民所具有的特征，是公民的理性；其二，它的主题是关乎根本政治正义问题，即宪法和基本正义问题；其三，它的形式和内容都是公共的，即通过一系列合乎理性的政治正义观念和公共推理来表达，并且可以相互论证。[①] 这样的公共理性既能保障不同完备性学说[②]（政治诉求）"同"的公共性，又能保障对"异"进行约束的合理性，因此可以为理性多元的民主社会形成重叠共识创造"最大公约数"，从而使得社会呈现为相互正义的社会，而不是在多元理性的分歧中过分损耗，乃至分崩离析。

## 二、西方传媒公共性理论及其变迁

传媒的公共性问题是"公共性"这一哲学命题在新闻传播领域的延伸和体现。一般而言，传媒的公共性要求传媒生产及运营的目的是满足公共利益，提供公共服务，实现公共目标。但由于不同国家和地区的传媒根植于不同的政治和文化环境，其公共性问题的具体表现形式及程度会有所不同，隐藏在传媒公共性问题背后的原因也各有差异。而且，在不同历史时期，传媒的公共性还呈现出一个动态

---

① 谭清华. 罗尔斯政治哲学中的公共性理念及其现实意义 [J]. 内蒙古社会科学（汉文版）,2014(3).

② "完备性学说"是从罗尔斯使用的英文词汇 comprehensive doctrines 翻译过来的中文表达，是翻译家万俊人的译法，被学界广泛采用，指"那些具有完整理论构成（包括某种形式的形而上学本体论和世界观）和独立学术品位与影响的学说系统，而不只是刻画学说的综合全面性"。该词有时还被翻译成整全性学说、统合性学说、全整性学说、全面性学说等。

发展的过程。虽然传媒公共性是中西方社会都存在的现实问题，但其作为一个理论命题，则是西方现代学术思想的产物。

## （一）哈贝马斯：大众传媒消解公共领域

在西方学术和政治语境下，对于传媒公共性的论述与公共领域理论紧密相关。在哈贝马斯的《公共领域的结构转型》1961年出版（尤其是1990年再版）后，公共领域就成为欧洲主流话语的一部分，公共领域与传播媒介的关系受到高度重视。[①] 这里的"传播媒介"主要是指起源于资本主义工业化运动及社会大众化运动的大众传媒，即以大众传播为本质特征的媒介类型，19世纪中期以来以满足大众的信息和娱乐需求为目标的商业化报刊、广播和电视等媒介是其中的主流。

在《公共领域的结构转型》一书中，无论是梳理欧洲印刷媒介发展史，还是分析20世纪西方社会的传媒业现状，大众传媒始终被看作一个具有公共性的社会存在，或被视为公共领域的重要组成部分。"这种公共领域的主体是作为公众舆论之中坚力量的公众……到了大众传媒领域，公共性的意思无疑又有所变化。它从公众舆论所发挥的一种功能变成了公众舆论自身的一种属性：公共关系和共同努力——新近被称作'公共劳动'——就是想建立这样一种公共性……有些时候，公共领域说到底就是公众舆论领域，它和公共权力机关相抗衡。有些情况下，人们把国家机构或用来沟通公众的传媒，如报刊也算作'公共机构'。"[②]

批判性无疑是哈贝马斯建构公共领域理论的重要维度。同样地，批判性也是传媒公共性的核心要义。这是基于对18世纪欧洲早期印刷报刊和书籍普及后催生的"文学公共领域"，进而发展为"政治公共领域"这一过程的考察，才建构了"公共领域"这一学术概念。但在分析了19世纪中叶以后的西方大众传媒发展状况后，哈贝马斯得出了较为悲观的结论：资产阶级公共领域发生了转型（重点是衰落和瓦解）。哈贝马斯认为，19世纪中叶以来，一直保障公众具有批判意识的

---

① 展江. 哈贝马斯的"公共领域"理论与传媒 [J]. 中国青年政治学院学报，2002（2）.
② 哈贝马斯. 公共领域的结构转型 [M]. 曹卫东，等译. 上海：学林出版社，1999：2.

机制动摇了；进入 20 世纪后，公共讨论在形式上尽管依然存在，且得到了悉心培植，但实际上讨论已在不知不觉中发生了变化：讨论本身具有了消费形式。同时，公众也在逐渐发生变化乃至分化，从事创造和批判的少数专业人员及具备专业知识的业余者与大众传媒的广大公众之间日渐疏远。在哈贝马斯看来，传统公共领域中公众的文化批判蜕变成了文化消费，因此，"大众传媒塑造出来的世界所具有的仅仅是公共领域的假象"①，资产阶级的公共领域发生了结构转型和瓦解。

当然，该书 1990 年再版时，哈贝马斯对于自己当年关于传媒公共性的悲观结论有所反思，在"再版序言"中称："如果我今天重新研究公共领域的结构转型……我的评述会少一些悲观色彩，我所假定的前景会去掉一些固执成分。"② 尽管哈贝马斯在这篇序言中提出了重要的"三点修正"，并承认"过分消极地判断了大众的抵御能力和批判潜能，这一多元大众的文化习惯从其阶级局限中摆脱出来，内部也发生了严重的分化"③，但是，修正后的观点仍然带有一定的悲观色彩。他的经过修正的判断是："随着电子媒介的兴起……公共领域的基本结构又一次发生了转型，一种新的影响范畴产生了，即传媒力量。具有操纵力量的传媒褫夺了公众性原则的中立特征。大众传媒影响了公共领域的结构，同时又统领了公共领域。"④ 也就是说，20 世纪 60 年代哈贝马斯看到消费文化对于传媒业的影响导致公众的分化及批判性的减弱，90 年代他进一步关注到传媒力量的日益强大并且有了统领和颠覆公共领域的趋势。随着媒介力量和格局的不断变化，公共领域的结构转型并未完成，而是处在持续的转型之中，如此，传媒的公共性问题始终未能得到解决。

---

① 哈贝马斯. 公共领域的结构转型 [M]. 曹卫东，等译. 上海：学林出版社，1999：196-197.
② 哈贝马斯. 公共领域的结构转型 [M]. 曹卫东，等译. 上海：学林出版社，1999：32-33.
③ 哈贝马斯. 公共领域的结构转型 [M]. 曹卫东，等译. 上海：学林出版社，1999：17.
④ 哈贝马斯. 公共领域的结构转型 [M]. 曹卫东，等译. 上海：学林出版社，1999：15.

### （二）汤普森：“媒介化的公共性”

与哈贝马斯认为20世纪的现代传媒（尤其是广播、电视）导致了传统公共领域因对话性和批判性的丧失而衰落的消极观点不同，英国著名文化批评家汤普森持一种积极的传媒观，其系列观点主要体现在他的现代文化传媒化理论及相关论证中。

现代文化传媒化是一个过程，也体现为一种结果。在汤普森看来，现代文化传媒化是大众媒介的信息传播活动影响社会文化的一个后果，也成了现代社会兴起的条件和组成部分。汤普森与哈贝马斯共同看到了大众传媒在现代社会的强大影响力，但与哈贝马斯不同的是，汤普森认为现代传媒重构了公共领域，而不是摧毁了公共领域。现代传媒的发展创造了新的公共性类型，导致公共性的内涵发生了变化，公共性因此日益脱离哈贝马斯笔下共享型的公共空间，具备了“去空间化”（despatialized）和“非对话性”（non-dialogical）特征。并且，新的公共性现象与“特殊的可见性”有关，这种可见性是由传媒生产出来并通过传媒获得的可见性。[①] 正是在这个意义上，汤普森创造了“媒介化的公共性”这一概念，相应地，还有“媒介化的公众”概念，都是由现代文化传媒化理论派生出来的。

汤普森对于传媒的社会影响以及公众与传媒二者关系的理解比较乐观，他认为大众传媒对当今社会的影响并不完全是负面的，大众传媒并未扼杀公众，反而造就了新型公众——“媒介化的公众”。传统的公共性理论，从阿伦特到哈贝马斯，都强调公共和公开的内在联系，而且，这个“公开”还含有“在场”和“面对面对话”的意味。汤普森也认为公共性内涵中应包含“可见”（visible）和“可察看”（observable），但他又明确建构了“特殊的可见性”和“新型公众”两个概念。“特殊的可见性”即无须依托物理空间和“同时在场”的可见性；相应地，“新型公众”是指能够主动地运用传媒，并通过传媒实现互动与交流的公众。这都是现代传媒导致的结果，即社会和传媒的互动催生了一种没有空间限制，不依赖面对面对话，任何身居私人场所的个人都可进入其间的新型公共领域。这样一来，现代

---

① 约翰·B. 汤普森. 意识形态与现代文化 [M]. 高铦，等译. 上海：译林出版社，2012：267.

大众传媒发展的结果不是宣告传统公共生活死亡，而是宣告新型公共性的诞生。

历史地看，大众传媒与社会互动的方式和状态在不断改变，其互动产生的结果也因时因地而异。同样地，现代社会公共性的内涵与性质也因大众传媒的存在和发展而改变，这种改变自然包含了现代社会中人们对公共性的体验。很多研究者曾针对这种改变提出批评并表示忧虑，主要指向三方面：一是信息接受的私人化（大众的原子化）和隔离状态会造成公共生活的实质死亡；二是大众传媒的单向传播与接受会摧毁公共协商的对话机制，并使受众成为屈从于传媒意识形态控制的"文化傻子"；三是在商业势力和政治势力的操纵下，传媒产业更多体现商业集团或政治组织的利益，而非公共利益，因此，传媒并不具有真正的公共性。①

汤普森认为，持上述意见的批评者受到了传统公共性观念的过多影响和禁锢。传统的公共性强调公众应该在真实可感的空间里实现面对面对话，但在汤普森看来，现代传媒重构了公域与私域的界限，突破了传统公共性理论对人际交往的狭隘理解。在现代传媒环境中，公众的参与不再受限于阅读书籍和报刊的能力，特别是在电视普及之后，公众参与交流和讨论公共事务的机会与空间大为拓展，公域和私域的界限已被打通，面对面对话不再是必需，公众无须在同一地方共同见证某一事件的发生，而能同样获得一种关于"我们"的感受与体验，这就形成了"新公众"。②

当然，汤普森也意识到"特殊的可见性"带来的政治意义有其双面性：虽能制约权势阶层，但也能伤害公众。在传媒化的现代政治运作实践中，政客利用甚至玩弄传媒的手法往往十分高明且让人眼花缭乱，个中门道不是一般公众所能知晓和看透的。这样看来，批评者对于大众传媒制造"文化傻子"的担忧并非完全是危言耸听。正如国内文化学者陶东风所言，抽象地谈论大众传播是有利于还是有损于公共生活或民主政治是没有意义的，大众传播既可以是极权主义政治的帮

---

① 徐贲. 传媒公众和公共事件参与[EB/OL]. [2018-05-01]. http://www.aisixiang.com/data/4850.html.

② 参见 Thompson J. Social theory, mass communication and public life[M]// Thompson J. The Polity Reader in Cultural Theory. Cambridge：Polity Press, 1994：33.

凶，同时也可能是民主政治的良友。这主要取决于它生存于什么样的社会政治环境中。① 但是，乐观的汤普森并没有循着这个思路阐发太多。

### （三）戴扬：公共性源自公众参与

如果对照《媒介事件》的作者——法国社会学家戴扬的媒介观和公众观，不论是哈贝马斯的消极悲观，还是汤普森的积极乐观，都显得"媒介决定论"味道十足，只是前者强调 20 世纪以来新媒介（广播、电视）的控制力及其对公共领域的消解，后者偏向于新媒介对新型公众的塑造及公共领域的重构。在戴扬看来，媒介工具所依托的技术环境是次要的，具体的政治、社会制度下人们的交往意愿和参与行为才是更为关键的因素。当公众有参与公共事务的强烈意愿时，他们手中是否掌握足够先进的技术手段并不重要。正是在这个意义上，戴扬主张用参与意愿和实际的参与行动去定义公众，而不再把公众当作一个先验性的概念群体去分析各种媒介传播现象和社会现象，这样的公众才是真实且具备实践性的。也就是说，公众应该是一个与社会行动共存亡的行为群体，而不应该也不可能先于公共行动而存在。所谓高科技传媒手段，在公众形成过程中只是一种辅助性的因素，而不是决定因素。

戴扬的公众观一方面是强调公众与传统受众的区别：前者主动和自觉，后者被动和自发；另一方面也是更为本质的，公众并非静态和先验地存在，而是在社会互动过程中逐渐形成（建构）的。公众和受众的区别并不在于前者比后者更真实，"而在于谁想象了那个群体。公众是一种想象为'我们'的集体存在，观众则是被作为第三人称来想象的"②。戴扬对公众的界定具有"非技术决定论"色彩，且没有落入主观意志论的窠臼。他试图强调，公众这一概念的确立主要来自社会人的自我塑造，包括价值选择和社会实践。而且，公众的自主性和能动性的形成也受到外部条件的限制，比如政治制度和社会制度。当然，戴扬的概念建构以及

① 陶东风. 大众传播与新公共性的建构 [J]. 粤海风，1999（2）.

② Dayan D. The Peculiar Public of Television[J]. Hermes，1997(11-12)：1-20.

隐含在背后的价值判断更符合西方的社会现实。

借助社会互动意义上的公众观，戴扬对汤普森的"现代文化传媒化"和"媒介化的公共性"进行了有价值的修正。汤普森认为哈贝马斯基于具体可感的实体空间（比如沙龙、咖啡馆和剧场）和面对面对话的公共领域观已经过时，应该采用去空间化和非对话性的传媒公共空间来重构和拓展公共领域。其理由在于，现代传媒的赋权作用致使人与人的见面和对话都可以通过"传媒化的形式"来进行。但是，戴扬提出的质疑是：传媒化的对话能否完全代替人与人的对话？传媒化的公共性能否代替实际人际交往形成的公共性？正是基于这两个问题，戴扬提出了不同于汤普森的公众观和公共观。

戴扬认为，汤普森强调的传媒化的对话只能推延（defer）对话，而不能真的代替对话。因为任何传播过程都至少包含两重传播（"人—媒介—人"和"人—人"），其中一重仍然需要公众直接参与对话。从这个意义上讲，哈贝马斯强调的基于真实空间和面对面交谈的公共领域理论并没有失去意义。戴扬重新阐释了哈贝马斯的"面对面"，将其理解为"直接交流"，即通过各种媒介如报刊、电话、图书、网络来进行的语言交流，而不是"直接照面"。而运用语言交流来进行说服、取得妥协、达成共识，本身就体现了平等、自由、理性的公共价值，这也是公共性的应有之义。

在讨论传媒的公共性，尤其是分析公众和传媒的关系时，确立公众优先的原则，也就是在人和传媒之间优先考虑人；同样，在分析社会事件和媒介技术的关系时，以社会事件为优先。这两点是戴扬的媒介公共性理论的核心。戴扬的公众观启发我们从社会实践的角度思考传媒、人与社会三者之间的关系，进而把传媒看成与人的社会实践有关的技术，一种构建社会群体的人际互动工具。

## 三、我国的传媒公共性问题

进入 21 世纪以来，"传媒公共性"从一个源自西方、学理味十足的概念演化成中国语境下问题指向明确，且承载了新闻传播学界种种焦虑和期待的词语，进而成为学术研究和讨论的一个热点话题。这无疑表明，公共性的有无、多少，以及如何得以拓展和完善，已经成为困扰我国传媒业健康发展的一个紧要问题。值得注意的是，许多学者在探讨传媒公共性时，不约而同地把它同我国持续推进的新闻改革联系起来。[①] 这种联系一方面是在论证我国传媒公共性的不足，且这种不足还表现出与西方不一样的特点；另一方面是寄希望于通过深入推进新闻改革为我国的传媒注入更多的公共性品质。

正因为上述判断，在中国的传媒生态及政治语境下，探讨传媒公共性问题并呼吁公共性就显得更为现实和紧迫。有学者因此干脆断定"传媒的公共性是传媒研究的核心议题"[②]。

## （一）中国语境下的传媒公共性：实用而紧迫的表达

在中国语境下探讨传媒公共性，应该区分实然和应然两个层面，否则就容易落入话语之争，甚至是无谓的意气之争。在实然层面，要历史地、理性地分析和判断我国的传媒公共性是否存在，以及公共性水平的高与低；在应然层面，要回答"在我国的政治和文化生态及其可预见的发展趋势下，传媒公共性的发展目标应该是什么？"以及"我国的传媒公共性与西方社会环境中的传媒公共性有无区别？是否应该求同？"这一系列相关问题。当然，不论是实然层面的理性判断，还是应然层面的价值选择，都必须基于一个共同的前提：清晰、准确地界定中国语境下的传媒公共性概念。

本书认为，传媒的公共性并非传媒与生俱来的天然属性，而是在传媒与社会

---

① 相关研究中，有直接在标题中表达这种关联的，如：潘忠党. 传媒的公共性与中国传媒改革的再起步 [J]. 传播与社会学刊，2008（6）；许鑫，李霞婷. 当代中国传媒改革与媒介公共性的变迁 [J]. 浙江传播学院学报，2013（3）. 也有标题中无此表达，但文章中以新闻改革为主要对象来探讨中国媒体公共性问题的，如：李良荣，张华. 参与社会治理：传媒公共性的实践逻辑 [J]. 现代传播（中国传媒大学学报），2014（4）；许鑫. 传媒公共性：概念的解析与应用 [J]. 国际新闻界，2011（5）.

② 陈韬文，等. 传媒的公共性是传媒研究的核心议题 [J]. 传播与社会学刊，2008（8）.

长期互动过程中形成的一种重要品质。它的本质是建构和规范传媒与政府及社会三者之间的关系，具体而言，是指传媒在服务公共利益以及促进公共生活的过程中所体现出来的"公开性、公益性和批判性"①。

很显然，上述界定与前文介绍的来自西方学术界的传媒公共性概念在旨趣上有所不同。在西方理论家那里，传媒公共性的学理及哲学意味浓厚，而中国语境下的传媒公共性更多指向现实问题，带有鲜明的实用痕迹和解决问题的急迫感。潘忠党的界定更为直白：传媒公共性指"传媒作为社会公器服务于公共利益的形成与表达的实践逻辑"②。

对于上述界定，我们可从以下四个方面理解：第一，传媒服务的对象必须是公众；第二，传媒作为公众的平台必须开放，其话语必须公开；第三，传媒的使用和运作必须公正，用哈贝马斯的话说，就是传媒必须按照公共领域的规范要求展开其实践③；第四，传媒的公共性与传媒的所有制形式（产权归属）无关，而只与人们的公共生活状态及过程有关，即与传媒对社会公共事务的参与程度有关。

进一步讲，考察和探讨我国传媒的公共性问题，虽然要以西方学理为重要的参照系，但也不可简单照搬西方学理，因为西方面对的传媒、政府及社会的关系问题，其性质及程度与中国差别明显。同样重要的是，我们应历史地、动态地看待中国的传媒公共性问题，不可静态地、局限于一时一地来理解和把握。如是观之，中国传媒的公共性问题不是一个有和无的问题，而是一个多和少的问题，是一个如何通过制度规范和实践操作进一步推进和完善公共性的问题。这也是本书探讨中国传媒公共性问题所持的基本立场和主张。

## （二）传媒改革与公共性: 从"喉舌"到"社会公器"

从 1978 年中共十一届三中全会召开至今已有 40 余年，这是改革开放的 40

---

① 参见许鑫. 传媒公共性: 概念的解析与应用 [J]. 国际新闻界，2011（5）. 笔者用"公开性、公益性和批判性"来说明公共性，借鉴了该文的观点。

② 潘忠党. 传媒的公共性与中国传媒改革的再起步 [J]. 传播与社会学刊，2008（6）.

③ 潘忠党，等. 反思与展望: 中国传媒改革开放三十周年笔谈 [J]. 传播与社会学刊，2008（6）.

余年，也是传媒改革的 40 余年。传媒业改革的核心要义在于不断探索和调整传媒与党和政府、传媒与市场、传媒与社会的关系。回顾 40 余年的传媒改革历程，虽然一些根本性问题仍未完全解决，甚至还产生了一些未曾预料的新问题，但是，传媒改革的总体成果依然清晰可辨且值得肯定，简而言之就是在理论和实践上认可了传媒的双重属性，同时推动了传媒从宣传本位向新闻本位回归，承认了信息传播是传媒的首要功能。① 换句话讲，就是在不放弃传媒的"党和政府喉舌"功能的同时，在一定程度上承认了传媒的公共性。

在清末维新运动中，康有为、梁启超等人自办报刊并明确提出报刊的"耳目喉舌"功能，后来逐渐发展成蔚为大观的"喉舌论"。其影响甚至主导我国的新闻理论百余年至今未衰。学者田中阳在梳理中国百年报刊发展史后称，"'喉舌论'可以说是百年中国报刊理论的核心，也是百年中国新闻理论的核心"②。考察近现代中国百年的政权更迭和政治斗争，以及报刊在其中的地位与作用，可以看出，"百年中国报刊'喉舌'之争是中国社会百年的话语制权之争，'喉舌论'则是这种话语制权之争的理论'成果'，是对这种话语制权争夺与反争夺、压制与反压制的理论言说"③。中国共产党在建立新政权以后，"喉舌论"更是占据主流，并在1949—1979 年历经各种政治运动而不断得到强化。可以说，"无论是过去，还是现在，为了更好地实现动员群众、组织群众，实现党的奋斗目标，党都把报纸作为自己的喉舌来经营。因此，喉舌论已经有了悠久的历史"，并且是"现代新闻学理论的三个支点"之一。④

一个世纪以来，从资产阶级维新派到无产阶级革命派，他们在不同时代大力倡导的报刊"喉舌论"无疑都带有先进阶级争夺话语权、追求阶级解放的积极意

---

① 李良荣，张华．参与社会治理：传媒公共性的实践逻辑 [J]．现代传播（中国传媒大学学报），2014（4）．

② 田中阳．话语制权：对"喉舌论"的历史考辨 [M]//《新闻学论集》编辑部．新闻学论集（第19辑）．北京：经济日报出版社，2007．

③ 田中阳．话语制权：对"喉舌论"的历史考辨 [M]//《新闻学论集》编辑部．新闻学论集（第19辑）．北京：经济日报出版社，2007．

④ 孙旭培．现代新闻学理论的三个支点 [J]．华中科技大学学报（社会科学版），2003（1）．

义，但由于种种历史及现实原因，"喉舌论"在理论和实践上的局限也明显存在，这种局限还随着我国社会的现代化步伐加快而日益凸显。

"喉舌论"在理论上的局限一方面来源于理论表述的先天不足。不论是郭超人的"喉舌"①，还是梁启超的"耳目喉舌"，其表达的都是关于传媒功能的隐喻，而这一隐喻显然将传媒当作工具来看待，而不是一种主体性的存在，这个表述本身就带有鲜明的工具理性烙印。正如学者黄旦所言，"当被赋予'耳目喉舌'时，报刊（作为一个机构）就只有存在于两种可能之中——或是功能或是工具，根本没有也不可能有自身的主体地位。换言之，中国的'耳目喉舌'必然是依附于某一个集体/群体/团体的主体身上，否则在社会结构中就无容身之处"②。

另一方面，如果对照西方20世纪60年代出现的公共领域理论，"喉舌论"更表现出理论的内在张力不足。因为，即使从修辞角度看，"耳目喉舌"所比喻的只是一个单向的表达通道，不可能是一个双向或者多元互动的公共交往空间，无论是在本体还是喻体层面，其指向都含有"只供通过，不供活动，目的仅在于流动"③的意味。即使"耳目喉舌"有可能促成交往空间的构建，但作为身体的部件，其作用发挥都依赖于主体的意志。具体到报刊而言，即服从报刊所属主体发出的指令，报刊自身并没有自己的独立性。

"喉舌论"在实践上的局限主要体现在对于喉舌所依附主体的解释口径不一，时宽时窄，视政治现实的需要而摇摆不定，因而带来传媒实践空间的不稳定。据学者孙旭培考证，中华人民共和国成立以来，我们的新闻理论都提报纸是"党的喉舌"，有时也提"报纸是党和人民的喉舌"。但是对于后者，权威的解释是，"党的新闻事业是党的喉舌，自然也是党所领导的人民和政府的喉舌，同时也是人民自己的喉舌"。这中间省略了一个因果关系的表述：因为党是代表人民的，

---

① 参见郭超人. 喉舌论 [M]. 北京：新华出版社，1997. 该书集中了"喉舌论"来源及发展的相关论述。

② 黄旦. 耳目喉舌：旧知识与新交往——基于戊戌变法前后报刊的考察 [EB/OL]. (2016-02-21) [2018-05-01]. http：//www.aisixiang.com/data/97236.html.

③ 黄旦. 耳目喉舌：旧知识与新交往——基于戊戌变法前后报刊的考察 [EB/OL]. (2016-02-21) [2018-05-01]. http：//www.aisixiang.com/data/97236.html.

所以说，报纸是党的喉舌，自然也就是人民的喉舌。①

正是因为传统的"喉舌论"存在上述局限，所以1978年以来的传媒改革通过引入传媒的"商品属性"和"社会属性"等概念，以及"两分开"②和"三分开"③等传媒改革实践，在事实上逐步确认和提升了传媒的公共性品质，也使我国社会主义意识形态下的传媒具有了"社会公器"特征。这些改革成果也得到了学界的广泛认同。有学者总结："三十余年的传媒改革，释放了巨大的发展能量，建设了规模庞大的传媒产业，并在相当程度上促进了'国家—社会'二元结构中社会这一极的成长，推动了对传媒作为公共领域的期待以及与之相适应的部分话语实践。这是历史的进步，是市场经济带来解放力量的表现。"④

当然，对1978年以来的传媒改革及其成果，我们既要用发展的眼光客观看待，也不能过于乐观和夸大。一个值得正视的事实是，尽管有公共利益作为媒介传播的一种正当化资源，公民主体性在媒介话语中也有一定程度的体现，但是，运用"国家—社会"视角审视，我们能观察和感受到的社会发育和准公共领域的存在，主要还是市场逻辑催生的结果，而不是以体制、机制优化为出发点进行改革设计的目标实现。⑤即便近年来传媒越来越频繁地介入社会公共事件的信息传播与解决过程，且在局部和微观层面推动了传媒公共性的拓展，但这些事件及其解决过程本身带有一定的偶然性和非典型性，并未改变传媒公共性整体不足的事实。

### （三）传播技术拓展了传媒公共性：从传统媒体到新媒体

当历史的车轮进入21世纪，各种新媒体样式接踵而至，传媒的公共性问题也因此变得更加复杂。前文给出的判断——媒体的公共性与媒体的所有制形式

① 孙旭培.现代新闻学理论的三个支点 [J].华中科技大学学报（社会科学版），2003（1）.
② 李良荣，戴苏苏.新闻改革30年：三次学术讨论引发三次思想解放 [J].新闻大学，2008（4）.
③ 钱广贵.中国传媒体制改革研究：从两分开到三分开 [D].武汉：武汉大学，2010.
④ 潘忠党.传媒的公共性与中国传媒改革的再起步 [J].传播与社会学刊，2008（6）.
⑤ 潘忠党.传媒的公共性与中国传媒改革的再起步 [J].传播与社会学刊，2008（6）.

（产权归属）无关——只能是一个应然层面的判断；在实然层面，就我国的情况而言，媒体的所有制形式即使无法决定媒体公共性的有无，但还是可以影响其公共性水平的高低。证之中国传媒界的事实，20世纪90年代中期以后大量出现的市场化媒体就表现出了较多的公共性。

在过去20余年的新媒体发展历程中，传播科技与传媒公共性的关系，已经表现出了令人乐观的一面：从门户网站到论坛、博客，再到微博、微信和新闻客户端，这些新媒体平台和渠道对于中国不断涌现的公共事件的关注及其带来的社会影响，已远远超过了传统三大媒体；来自不同阶层的社会公众也因为公共事件和公共话题在网络平台上不仅实现了聚集，还初步实践了传统媒体环境下难以企及的公共表达。这种由媒体平台带来的公共话题的凸显、公众主动参与和自由表达，无疑是网络媒体公共性最直接和最有效的表征。

网络媒体公共性的拓展，最主要的驱动力是传播技术的快速发展。因为传播技术直接推动了大众与媒体平台的对接，起到了强有力的技术赋权效果，这也正是汤普森"新型公众"概念的应有之义。与此相关的另一面，是传统的、行政特色鲜明的管理手段和管理技术，对于层出不穷、种类繁多的新媒体平台的信息传播，在监管和控制上表现出一定的不适感与乏力感，这在客观上给网络媒体留出了更大的空间，为其公共性生长和拓展提供了条件。

同时，进入21世纪以后，国家管理层面的制度创新也在一定程度上起到了松绑作用。如2002年11月党的十六大召开以后，党和政府陆续推出若干有关新闻传媒的新政策和新举措（强调新闻工作的"三贴近"原则，实行政府工作信息和社会公共信息公开，改进国内重大突发事件报道，加强和改进舆论监督工作，把构建和谐社会作为新闻工作的重要任务）；2007年10月党的十七大明确提出保障全体公民享有知情权、表达权、参与权和监督权；2008年5月1日起《中华人民共和国政府信息公开条例》实施；2009年发布的《国家人权行动计划（2009—2010年）》明确提出保障记者的采访权、批评权、评论权和发表权……这些法律规章的颁布与实施，为媒介及时充分地报道新闻、开展公共讨论提供了一定的制度保障，自然也有助于传媒公共性的发挥。[①]

另一个无法忽视的原因是，近20年来我国有影响力的新媒体，从四大门户网站到天涯社区、博客中国等早期的社会化媒体，再到近十年的微博、微信等新型社会化媒体平台，以及澎湃新闻、今日头条、一点资讯、界面等新闻客户端，绝大部分都不是从体制内的传统媒体内部生长出来的，它们与体制保持了适当距离，这在客观上也为其公共性生长留出了空间。

## 四、以传播媒介为平台的公共表达

### （一）公共表达概述

所谓公共表达，即公民对社会公共事务公开发表看法、意见并进行交流和辩论的行为。公共表达是人作为一种群居性高级动物的必然需求。因为，相对于个体的"私"而言，指向公共事务和公共利益的"公"是天然存在的，所以，生活在社会网络中的人，不可能完全缺席公共表达。

公共表达在形式上虽然表现为不同个体的发言（口头或者书面，甚至行动），但本质上是个人的群体意识和社会认同的体现，即个人在心理上意识到自身与他人及社会的关联，并主动表达出这种关联（不愿置身事外）。而这种关联在很大程度上与人的现实利益或潜在利益有关。公共表达的内容不一而足，有时直接指向发言者的自身利益；有时可能是路见不平，发言相助；或者是物伤其类，有感而发；甚至是借题发挥，宣泄情绪……而那些看似与个人利益不相关的表达，如果深入考察，也可能大多指向发言者的潜在利益。

对一个社会而言，公共表达的丰富程度，以及社会对公共表达的宽容程度，能大体反映出这个社会的民主化程度和公共性水平。常态社会的管理者和决策者应该能从纷繁复杂的公共表达中挖掘出民意的金矿，作为公共决策的参考。

---

① 许鑫，李霞婷. 当代中国传媒改革与媒介公共性的变迁 [J]. 浙江传媒学院学报，2013（3）.

公共表达与舆论<sup>①</sup>有关，但并不等同于舆论。公共表达是形成舆论的细胞，是舆论的微观构成要素，众多个体在一定时间内共同关注某一社会事件或社会现象，并从个体立场出发参与公共表达，其意见汇集的结果就形成了舆论。简而言之，公共表达是起点和过程，而舆论是一种结果，或是公共表达经过阶段性汇集后呈现出来的一种意见走向。也可以说，公共表达是舆情的微观形态和过程性表现。

当个体参与公共表达时，就是个体（暂时）摆脱了狭隘的私域，而进入了一个公共领域，这也是阿伦特的古典公共性意蕴所在。尽管她所赖以分析并建构理论大厦的基础是古希腊城邦共和制社会的政治生活，但公共与公共性是人类社会发展史上的一个普遍现象。只是在不同时代、不同的政治文化环境下，公共性体现的程度不同，公共表达的空间大小有差异而已。换句话说，除了极少数政权在短期内出现过"国人莫敢言，道路以目"（《国语·周语上》）的现象外，普遍的、长期性的公共表达行为是与人类社会历史发展相伴随的。

## （二）大众媒介产生之前的公共表达

近三百年来，承担大众传播职能的传统媒介成为反映甚至代理公共表达的重要平台和渠道（在中国只有百余年）。但是，在大众媒介产生之前的漫长人类文明史上，公共表达也从未断绝。也就是说，现代意义上的大众传播媒介并非公共表达的必要条件。

在中国和西方的典籍中，都有关于原始及奴隶社会的生民进行公共表达的记载。恩格斯在考察西方社会发展史后认为，在没有国家和管理机构的氏族社会，舆论表达发挥着协调、维持社会运转的作用。恩格斯强调，除了舆论以外，氏族制度"没有任何强制的手段"<sup>②</sup>。中国关于公共表达具有传说色彩的历史记载始于

---

① 有研究者用"公共舆论"或"公众舆论"的说法代替"舆论"，笔者对此并不认同。因为"舆论"之"舆"本身就隐含了"公共"和"公众"的意味。同样，舆论的英语对应词 public opinion 本身也内含了"公共"之意。因此，所谓"公共舆论"或"公众舆论"的表达在构词法上也是不恰当的。

② 马克思恩格斯全集（第21卷）[M]. 北京：人民出版社，1965：192.

氏族社会晚期。当时的氏族首领，如尧、舜等人已经开始关注氏族成员对部落公共事务的意见。《淮南子·主术》篇中记载："尧置敢谏之鼓，舜立诽谤之木。"这是说部落首领尧、舜鼓励氏族成员击鼓进言，或将意见刻在指定的木头上。其目的应该是了解民意，帮助决策。中国最古老的历史文献《尚书》中的《洪范》篇也记载舜治天下时"询于四岳，辟四门，明四目，达四聪"，从而使左右臣服、上下团结。西汉人贾山在《至言》中记载氏族社会"士传言谏过，庶人谤于道，商旅议于市"的景象，正是中国早期社会民众参与公共表达的写照。[①] 这些记载虽有想象和美化的嫌疑，但因其出自民间千百年的口口相传，并最终形成文字记录，还是有一定的可信度的。

在中国几千年文明史上，民间的诗歌创作传统绵延不绝。这些诗词、歌谣在丰富了文学想象和情感表达之外，还保留了当时民间知识分子参与公共表达的印记。这种广泛存在于民间的诗歌创作行为也催生了国家管理活动中的"采风"传统，即官府派人到民间采集诗歌作品，其目的正如《汉书·艺文志》所言："古有采诗之官，王者所以观风俗，知得失，自考正也。"也如《春秋公羊传》所言："故王者不出户牖，尽知天下所苦。"中国最古老的诗歌总集《诗经》中的"风"就是春秋时期各国"采风"的成果汇编，其中《魏风·硕鼠》（"硕鼠硕鼠，无食我黍！三岁贯女，莫我肯顾。逝将去汝，适彼乐土。"）就有着鲜明的悲情控诉意味，彰显着民间诗歌的公共表达功能。在媒介不发达、社会资讯传播不畅的早期社会，类似"采风"这样考察民间公共表达的行为，意义非同小可。以至于隋朝的王通在《中说·问易》中下此断语："诸侯不贡诗，天子不采风，乐官不达雅，国史不明变，呜呼，斯则久矣，《诗》可以不续乎！"

设诽谤之木、派采诗之官，是统治者对待公共表达的一种态度；残暴打压则是另一种态度，如史有记载的"坑儒"事件、明清两代的"文字狱"。但是，尽管不同时代的统治者对待公共表达的态度有差异，从体制内的知识分子（士）到民

---

① 参见王贵斌.Web 2.0时代网络公共舆论研究 [M]. 北京：中国传媒大学出版社，2015：69-70.

间知识分子（游士），"清议"传统还是在 2000 余年的封建社会和王权专制社会[①]中延续了下来。当然，这个过程中也充斥着各种博弈与斗争，如林语堂梳理的三次舆论打压高峰：汉代的"清议"运动引发两次"党锢"事件、宋代的太学生运动、明代的宦官新闻审查与东林党运动。[②]这些史不绝书的事件，无不说明中国古代社会存在着较为丰富的公共表达现象，其媒介一为书籍，一为口口相传。

### （三）大众媒介中的非原生态公共表达

中外历史上，大众媒介都是伴随着资本主义生产方式出现和资产阶级逐步登上政治舞台而诞生的。在西方以英法等国为最早，出现在 17—18 世纪；中国则较晚，直到 19 世纪后半叶才零星出现在东南沿海的口岸城市。从最早面向大众发行的报刊诞生，到近十年东西方各国社会化媒体的发达，其间三百年可谓大众媒介主导的时代，各种社会形态中的官方意志、战争宣传、社会舆论、公共表达等，主要依托报刊、书籍、广播、电视，甚至第一代网络媒体[③]来呈现。

但值得注意的是，大众媒介所呈现的公共表达，并非原生态的公共表达，而是经过筛选的，甚至是被人为代表了的公共表达。一方面，大众媒介的内容主要是由传媒机构的专业人员（记者和编辑）生产的，即使其中有公众对于公共事务的意见表达，也是经过专业人员的二传手来实现的；另一方面，由于受到版面、时段等物质条件限制，大众媒介上刊播的内容是经过层层选择和过滤的结果，不论是公民个体，还是作为整体的公众，其声音都只是整个新闻生产流程中的"配角"。社会真实场景中丰富、复杂、多样化的声音根本无法得到完整呈现。

当然，传统的大众媒介也会留出少量的版面和时段，让少数个体的声音得以

---

① 对中国"封建社会"的界定及分期，学术界一直有争议。比较令人信服的说法是，西周至春秋战国时期为封建社会，秦统一中国到清代结束为王权专制社会。本书从此说。

② 林语堂. 中国新闻舆论史：一部关于民意与专制斗争的历史 [M]. 刘小磊，译. 上海：上海人民出版社，2008.

③ 因第一代互联网的信息传播在本质上也是大众传播，所以本书将其划入大众媒介范畴，与后文将重点分析的社会化媒体相区分。

凸显，如为媒体外人士开设专栏、读者来信选登、嘉宾访谈等，但这些内容所占用的版面及时段在整个媒体内容生产中的占比十分有限。而且，这些表达还会受到体制化流程强有力的约束，最后刊播出来的内容可能与当事人的真实想法存在一定差距。

在传统大众媒介中，书籍呈现公共表达的自由度和真实度较之报刊及广播电视更高，因为其生产过程的前端（写作环节）受到的约束相对较少，可以更为真实和个性化地表达，但在生产过程的后端（出版环节）同样要经受较为严格的审查把关，还有事后追惩的风险约束。

这里值得一提的是以门户和新闻网站为代表的第一代网络媒体。前文已将其归入大众传媒的行列，但它也属于通称的新媒体阵营，因此可以说是介于三大传统媒体和第二代网络媒体的一种过渡型媒体。第一代网络媒体虽然使用了网络传播技术和多媒体的呈现方式，但其本质上还是遵循着由媒体机构生产内容，再分发给广大身份不确定受众的大众传播模式。因而在 2010 年前后，随着以社交化和"用户生产内容"为核心的第二代网络媒体兴起，第一代网络媒体的影响力日渐式微，以至于被业界中人称作传统媒体①。当然，跟传统的三大媒体相比，门户网站、新闻网站提供给公众表达意见的空间和机会已经远胜一筹，比如仅新闻跟帖一项，传统媒体已无法比拟。另外，由于其内容生产量远大于传统三大媒体，所以提供给公众的关注对象和表达机会也自然多出不少。并且，用户在门户网站和新闻网站上针对公共事件和热点事件的跟帖评论受到的限制也相对较少。当然，这种跟帖式发言的自主性和自由度与后来社会化媒体平台上的表达相比，就不在一个量级了。

关于社会化媒体平台上公共表达的形态和特点，为了不破坏本书总体的逻辑结构，将安排在第三章至第六章展开分析。

---

① 在这个称呼序列里，传统的报刊、广播、电视更是被称为"古典媒体"，以示跟传统媒体（第一代网络媒体）的区别，第二代网络媒体才被称为"新媒体"。

# 小 结

公共性及传媒公共性理论是如何发展起来的？我国传媒公共性的现状及特点如何？传媒公共性与公共表达关系何在？这些问题构成全书的基础，本章试图对此作出回答。

本章梳理了公共性理论起源与发展的大致过程，并在此基础上分析了西方语境下传媒公共性理论半个多世纪以来的变迁；进而从比较的视角出发，观照了我国传媒公共性变化的历史轨迹及其在学术界引发的关注与讨论；最后引出本书要探讨的核心概念"公共表达"，并分析了在我国当下媒介环境中不同媒体平台上公共表达呈现的概况与特点。毫无疑问，公共性作为一个哲学和政治话语，与人们的表达具有天然联系，因为政治作为"众人之事"，不可能在表达之外产生，更不可能被隔绝在公共表达之外。所以，以公共性理论为视角，观察并分析媒体平台上的公共表达，在理论和实践两个层面均有合理性与可行性。

"公共"虽然是中西文化中古已有之的概念，但"公共性"作为一个政治意味浓厚的词语却是诞生在现代西方的哲学话语中。本章梳理西方的公共性理论，并分析产生于西方媒介环境中的传媒公共性理论，这并非目的，而是作为参照，用来观察和分析中国的传媒公共性问题。但这种参照不是简单地将中国的传媒实践纳入西方理论框架中进行价值评判，而是试图说明我国传媒公共性问题的特殊性和阶段性。

公共表达，正是传媒公共性中一个重要的表现形式，也是本书的研究对象。在中国当下的媒介环境中，传统媒体、第一代网络媒体、社会化媒体处在既迭代又共存、既竞争又融合的关系之中，分析社会化媒体中的公共表达，就需要梳理与分析传统媒体及网络媒体中的公共表达现象，说明传媒公共性变迁的纵向与横向联系。

本章的基本结论是，从传统媒体到第一代网络媒体，再到社会化媒体，媒介的技术逻辑及其不同的赋权效果导致了传媒公共性由弱到强，公共表达在三类媒介平台上的表现形式及其效果也迥异其趣：公共表达的参与主体、内容的覆盖面、讨论的深入程度也呈现出逐渐扩大与加深的趋势。

# 第三章

# 社会化媒体及其对公共性的拓展

在媒体发展与演化的历程中，报纸、广播、电视、网络等物质形态及其背后的技术手段，既构成一种纵向的递进与迭代关系，同时又在一定的时空环境下形成横向的共生与竞合关系。针对中国当下的传媒格局，虽然业界及学界传出的"新媒体取代传统媒体""传统媒体行将消亡"等类似观点 10 余年来从未断绝，但今天我们看到的依然是二者共存且互有借鉴的景象。那么，在公共性这一问题上，新媒体，尤其是作为第二代互联网典型代表的社会化媒体，其表现和特质是否与传统媒体以及第一代网络媒体有所不同？本章试图分析并解答这一问题。

## 一、社会化媒体的内涵与构成

### （一）社会化媒体的内涵

"社会化媒体"一词近年来在传媒学界和业界被广泛使用，但这个概念的合理性与适用性至今仍然存在争议。这个概念是由英文的 social media 翻译而来，源于一本名为 *What is Social Media*（《什么是社会化媒体》）的电子书，作者是梅菲尔德（Antony Mayfield）。在汉语世界里，它有时还被翻译成"社会性媒体""社交媒体"，在不太严格的语境下，甚至被等同于"自媒体"。赵云泽等研究者曾专门撰文，试图厘清"社会化媒体"与"社交媒体"的区别与联系，并认为"社会化媒体"是一个较含糊、不准确的概念，今后应该弃之不用。[①]

当然，围绕一个概念展开合理性的学术讨论和逻辑推演是一回事，约定俗成

---

① 赵云泽，等."社会化媒体"还是"社交媒体"？——一组至关重要的概念的翻译和辨析［J］.新闻记者，2015（6）.

的使用则是另一回事。习惯的力量总是很强大，这在"社会化媒体"一词的使用上也充分显示出来。检索近年来发表的学术论文，截至 2019 年 3 月 1 日，仅中国知网（http://www.cnki.net）收录的学术论文中，标题包含"社会化媒体"的中文期刊学术论文就有 1594 篇；运用中国国家图书馆的文津检索系统对全国已出版图书进行检索，发现截至 2018 年的出版物中，书名包含"社会化媒体"的图书就有约 100 种。这些数据至少说明，尽管"社会化媒体"是一个从译法到内涵与外延都见仁见智、还有讨论余地的概念，但学术界的广泛使用已将它"约定俗成"为一个通用术语了。因此，本书不再纠缠于概念指称的合理性，而是结合研究主题做必要的界定。

"维基百科"2016 年底对"社会化媒体"给出的定义为：人们用来创作、分享、交流意见、观点及经验的虚拟社区和网络平台。社会化媒体与一般大众媒体最显著的不同是，让用户享有更多的选择权利和编辑能力，自行集结成某种阅听社群。[1]2013 年，"维基百科"曾提供过更为详细的解释，指出社会化媒体包含三个层次：（1）它是基于互联网或移动通信的应用，它将传播变成一种互动的对话；（2）它是建立在 Web 2.0 的思想与技术基础上的网络应用，它促成了"用户生产内容"的生产与交换；（3）社会化媒体是社会性互动（social interaction）的媒介，而社会性互动是社会性传播（social communication）的一个超集[2]。借助随时随地联网且可扩展的通信技术，社会化媒体在很大程度上改变了组织、社群以及个体之间的沟通方式。[3]也就是说，社会化媒体是一个包含从基础技术到媒体产品，再到交换平台的一个多层次的整体。

基于目前社会化媒体所发展出来的应用形态及其技术和传播特点，本书把社会化媒体定义为：以开放式网络技术为基础，用户自主参与内容创作、修改、传播与互动交流的平台。这是社会化媒体的基本内涵。

---

① 参见维基百科"社会化媒体"词条，zh.m.wikipedia.org/social media。
② "超集"是集合中的一个概念，此处是指社会性互动比社会性传播的涉及面更广。
③ 彭兰．社会化媒体：理论与实践解析 [M]．北京：中国人民大学出版社，2015：1.

## （二）社会化媒体的构成

在当下网络媒介格局中，社会化媒体的外延仍在不断拓展，目前涵盖的主要应用形式有：论坛（含 BBS、贴吧等）、博客、微博、即时通信（如 QQ、微信等）、播客、百科、内容分享网站、社交网站等。当然，这个列举只能包括社会化媒体的主要形态，社会化媒体家族的实际情况比这个更庞杂，而且还处在持续不断的发展过程之中。因此，把握社会化媒体的关键内核，并以开放的心态看待和包容其未来可能出现的多种形态，就显得十分重要。

综合前文对社会化媒体的定义，并参考何威、彭兰等人的研究成果[①]，本书以传播内容、技术特性和网民的参与状态为依据，将社会化媒体分为 6 类，并尽可能兼顾当前格局与未来可能的发展态势。当然，考虑到新媒体发展的速度及融合创新的结果常常出人意料这一事实，本书的分类也很难做到完美无缺，只是力求在已有研究结果基础上加以整合并稍有提升。

### 1. 讨论版与在线论坛

讨论版与在线论坛是社会化媒体中最古老、最常见的形式，包括 Usenet 新闻组（NewsGroup）、电子公告牌（BBS）、在线论坛（online forum）、贴吧（如百度贴吧）、小组（如豆瓣小组）、聊天室等。这类社会化媒体就像一个聚集了各色人群的大广场，人们按不同的话题组成各自的小圈子，在不同的规则制约下展开讨论。

新闻组和 BBS 是历史悠久的应用形态，比万维网（World Wide Web）的出现还要早 15 年，是早期网络平台上广泛应用的一种人际交流方式。论坛则是万维网出现后的产物，有时也被称为 BBS。贴吧是 Web 2.0 时代的产物，它大大降低了发起话题讨论的门槛，并赋予创建者更大的权限与自由。聊天室则是更为特殊的讨论形式，它要求参与者即时反馈，而讨论结果通常不留下记录。

---

① 参见何威. 网众传播：一种关于数字媒体、网络化用户和中国社会的新范式 [M]. 北京：清华大学出版社，2011；彭兰. 社会化媒体：理论与实践解析 [M]. 北京：中国人民大学出版社，2015.

在世纪之交的十年中，与西方网络世界中新闻组大行其道的格局迥异的是，中国网络世界中 BBS 和在线论坛是最具活力的网络应用与信息传播方式。这个阶段，BBS 和论坛不仅成为中国互联网文化的前沿阵地及社会思潮的集散地，而且成为诸多网络事件的源头和网络舆情的展示平台。如天涯、猫扑、西祠胡同、强国论坛、凤凰论坛等，在一些网络事件中都曾有过十分抢眼的表现。

2. 博客与播客

之所以将博客与播客归为一类，是因为它们具备较明显的共同特征：以传播者为中心、一对多的传播。这种传播方式带有浓厚的个性化色彩，契合了后来出现的自媒体概念。博客有时被称为"个人出版"，播客则被称为"个人广播"。需要说明的是，QQ 空间也是博客的一种形式；在非学术和不规范的场合，播客网站与视频分享网站经常被混为一谈，但严格地讲这是一种误用。

博客[①]源于英文的 blog，又译为网络日志（台湾地区译为部落格），是一种通常由个人管理、不定期发布新文章的网站。博客的运行方式，既有类似个体商贩在集贸市场租用一个商铺的"集中式"，即个人使用博客服务商的平台搭建自己的博客站点，如新浪博客、搜狐博客、博客大巴等；也有类似商家在大街上开店独立营业的"分布式"，即个人在独立的服务器空间上使用独立域名和相关软件搭建的个人博客站点。前者比较常见，也是更为方便快捷的创建方式；后者不太常见，对个人技术的要求较高，但博主对博客内容、形式和架构的自主权相对更大。博客曾经是一种重要的应用形态，尤其是在知识层次较高的网民群体中。CNNIC 发布的第 36 次报告显示，截至 2015 年 6 月底，"博客 / 个人空间"[②]的使用人数为 4.75 亿，使用率为 71%。此后，博客在中国的发展势头急转直下。2016 年 1 月 CNNIC 发布了第 37 次报告，其数据表格中已不再出现"博客 / 个人

---

① 此处的博客一词，不作传播者（blogger）和媒体（blog）的区分，播客一词也同样处理，即按常见的方式和意义来使用，在行文的特定场合需要区分时会特别说明。

② "博客 / 个人空间"是 CNNIC 第 36 次报告中统计网民对各类网络应用的使用率表格中的一个条目名称。

空间"这一栏，并且将属于博客类应用主要形态之一的 QQ 空间并入"社交应用"一栏。2016 年至今，CNNIC 发布的统计报告中也再未出现过博客的统计数据。

播客源于英文 podcast，是一种自助式的数字广播技术，支持用户自行录制音视频（主要是音频）内容并上传到网络上与他人分享，用户也可下载到个人化的播放器上收听和收看。作为一种技术手段，播客与其他点播的流媒体或下载视听方式最大的区别是，它提供 RSS 订阅与聚合。也正是因为聚合与交流，才使播客具备了社会交往的特点并进入社会化媒体的大家庭。

3. 微博

微博（micro-blog）也叫微博客，是一种通过关注机制分享简短、实时信息的广播式社交网络应用。微博客的名称大体是因为用户的个人主页像一个简单的博客网页，且每一条内容的篇幅受到限制。不同微博平台的字数上限不同：推特（Twitter）为 140 个英文单词，新浪微博和腾讯微博为 140 个汉字，搜狐微博则为 180 个汉字。

微博与博客都是个人出版行为，但二者的运行机制有明显区别：（1）微博增加了粉丝的转发功能，而且回帖有公开和私信两种方式，而博客的回帖都是公开的；（2）微博增加了信息自动推送功能，即主帖会自动出现在粉丝的微博页面上，减少了搜索与选择的时间成本；（3）微博支持移动网络，可以通过手机来登录、浏览、更新与回复。

微博的鼻祖是 2006 年诞生于美国的 Twitter，它一开始并不受人关注，到 2008 年 3 月用户仅有 8 万人。但随着用户的逐步增多，Twitter 逐渐显露出对突发新闻事件迅速报道的能力，并在全球受到追捧。2011 年 8 月，Twitter 的月活跃用户量超过 1 亿人次，月独立访问量约为 4 亿人次。[①]2016 年以来，Twitter 用户数增长乏力。2018 年第四季度，Twitter 的月活跃用户为 3.2 亿人次，日活跃用

---

① Twitter 月活跃用户量超 1 亿　独立用户访问量 4 亿 [EB/OL].（2011-09-10）[2018-05-01]. http：//news. 163. com/11/0910/13/7DJI9GE500014JB5. html.

户为 1.26 亿人次。[①]

在国内，早期模仿 Twitter 的微博应用有"饭否""叽歪""嘀咕"等，但这批"先驱"在 2009 年由于各种原因关闭了服务。[②]直到这一年 8 月中国门户网站新浪推出"新浪微博"内测版，此后，搜狐、腾讯、网易等网站纷纷试水。微博因其门槛低、与移动网络对接、方便快捷等特点迅速在国内走红。中国的微博在模仿 Twitter 的基础上有所创新，比如长微博功能突破了字数限制。从 2009 年底到 2013 年上半年，微博是中国用户扩张速度最快的网络应用。CNNIC 发布的第 32 次统计报告显示，截至 2013 年 6 月，微博用户达到 3.31 亿人，使用率 56%，在网络热门应用中排第 8 位。自 2013 年下半年起，微博的热度开始下降，用户数逐年下滑，直至 3 年后的 2016 年才刹住颓势，该年底统计用户 2.71 亿人，使用率 37.1%，已比 2013 年减少了近 40%。但微博在传播热点新闻事件和名人观点、观察舆情聚集和舆论走向等方面的影响与效果，仍不可低估。至 2020 年，中国传统的四大门户网站中，网易、搜狐和腾讯已先后关闭曾经极为活跃的微博平台，如今只剩下新浪微博一枝独秀。

4. 即时通信

即时通信（instant messenger）是一种更为常见的社会化网络服务形态，如 QQ、MSN、Skype 等，当然还有在当下中国发展势头强劲的微信（WeChat）。即时通信的特点是信息点对点流动；信息传播者可以控制和选择接受者；接受者也清楚信息来源；传受双方之间一般有着现实生活中的人际交往基础。使用者可通过它进行一对一的人际交流，也可通过其附带的各种功能进行一对多、多对多的群体交流，如 QQ 群、微信群、Skype 多方会议等。中国是即时通信的使用大国，也造就了腾讯这个赢利能力强大的网络服务商。

---

[①]　推特首次公布日活跃用户数据：1.26 亿 [EB/OL]. [2018-05-01]. http://tech.ifeng.com/a/20190209/45307175_0.shtml.

[②]　何威. 网众传播：一种关于数字媒体、网络化用户和中国社会的新范式 [M]. 北京：清华大学出版社，2011：127-128.

中国最热门的两款即时通信工具 QQ 和微信均由腾讯推出，其市场表现大获成功。微信依托智能手机的普及，在短时间内迅速成为应用之王。CNNIC 2019 年 1 月公布的第 43 次《中国互联网络发展状况统计报告》显示，截至 2018 年底，我国即时通信的用户数为 7.92 亿人，使用率高达 95.6%，已连续多年位列网络应用榜首（见表 3-1）。

表 3-1　2017 年 12 月—2018 年 12 月即时通信与手机即时通信用户规模及使用率

| 指标 | 时间节点 | |
|---|---|---|
| | 2017 年 12 月 | 2018 年 12 月 |
| 即时通信用户规模 / 万人 | 72023 | 79172 |
| 手机即时通信用户规模 / 万人 | 69359 | 78029 |
| 即时通信使用率（占网民比例）/% | 93.3 | 95.6 |
| 手机即时通信使用率（占手机网民比例）/% | 92.2 | 95.5 |

数据来源：CNNIC 分别于 2017 年 1 月、2019 年 1 月发布的第 39 次、第 43 次《中国互联网络发展状况统计报告》。

### 5. 社交网站

社交网站，即社会性网络站点（social network site），通常简称 SNS，是人们基于现实身份进行交流的网络社交平台。用户在平台上建立自己的朋友圈，并扩展交织成一个庞大的联系网络，"小世界"因此实现。其代表性网站如美国的 Facebook、Myspace、Orkut，中国的世纪佳缘等。

Facebook 掀起了全球性的社交网站热潮。这家 2004 年创建于哈佛大学生宿舍，原本只是给大学生提供交友信息的站点，10 余年时间就发展成为一个庞大的虚拟王国。2015 年第二季度，Facebook 月均活跃用户 14.9 亿人，其中包括超过 13.1 亿移动活跃用户。[1]Facebook 公司 2018 年度财报显示，月活跃用户达到 23.2 亿人，日活跃用户 15.2 亿人。[2]2015 年 8 月 20 日，Facebook 的市值为 2608.83 亿

---

[1] Facebook 日活跃用户数不及预期 股价下挫 [EB/OL].（2015-07-30）[2018-05-01].http：//www.xftz.cn/a/2015/0730278543.html.

[2] Facebook 公布 2018 年 Q4 财报 净利 68.8 亿美元创新高 [EB/OL].[2018-05-01].http://www.cniteyes.com/archives/34311.

美元①；到 2019 年底，市值已攀升至 5880 亿美元，居全球科技公司第 6 位②。

6. 维基应用与在线问答

这一类社会化媒体的运作方式是运用群体智慧去解决个人的问题，实现网民的知识与智慧在网络平台上开放式共享。维基应用是基于维基系统软件（Wiki system）创建的网站，又称维客网站。维基网站允许任何人使用网络浏览器自由创建和编辑网页，进行知识的生产、积累、修正、分享，最终形成动态且内容庞大的百科全书，如美国的"维基百科"、中国的"百度百科"等。

创建于 2001 年的维基百科（wikipedia.com）是全球最著名的维基网站，它的口号是"任何人可编辑的自由的百科全书"。该网站是非商业站点，全部内容由用户无偿撰写和编辑。它不登广告，也不接受商业赞助，维持运转的资金全部来自用户的自愿捐赠。截至 2018 年底，维基百科所有语言的条目总数超过 4700 万条③；英文条目数已有 580 余万条④，维基百科的登记用户数超过 3200 万人，总编辑次数超过 12 亿次⑤。

百度百科于 2006 年上线，至 2019 年 2 月，词条数已超过 1520 万条，参与编辑人数 644 万人。百度百科的口号是"全球领先的中文百科全书"。此外，在中国还出现了"你问我答"类网站，代表站点是知名度较高的"百度知道"，以及后起之秀"知乎"。这类网站虽然不是依靠协作编辑来维持，但它与前者的精神实质颇为相似，即集合网络上众人的智慧解决个人提出的具体问题，实现知识和智慧的开放共享。所提问题可以小到柴米油盐、大到国际时事或科技前沿，提问

---

① 公司财报 [EB/OL]. (2015-08-20) [2018-05-01]. http : //stock. finance. sina. com. cn/usstock/quotes/FB. html.

② 全球科技公司 2019 年终市值排名：苹果居首 腾讯失去"亚洲一哥" [EB/OL]. (2019-12-26) [2018-05-01]. https : //baijiahao. baidu. com/s?id=1653946757332092742&wfr=spider&for=pc.

③ 维基百科 [EB/OL]. [2019-05-01]. https://baike. baidu. com/item/%E7%BB%B4%E5%9F%BA%E7%99%BE%E7%A7%91?fromModule=lemma_search-box.

④ 维基百科官网页面显示的条目数量，时间为 2019 年 3 月 24 日。

⑤ 维基百科 [EB/OL]. [2019-05-01]. https://baike. baidu. com/item/%E7%BB%B4%E5%9F%BA%E7%99%BE%E7%A7%91?fromModule=lemma_search-box.

者还可对其他人给出的答案打分，并与回答者进一步沟通。

## 二、社会化媒体的特点

"人人都有麦克风""人人都是自媒体"，这两个比喻指向的，正是 web 2.0 时代社会化媒体发展和普及带来的社会景观。与传统网络媒体相比，社会化媒体显著增加了网民表达利益诉求和参与社会公共事务的能力。这也意味着，社会化媒体带来了众声喧哗的传播局面。而这正是社会化媒体的技术性能和传播特点决定的。

长期致力于新媒体研究的专栏作家魏武挥在为《网众传播：一种关于数字媒体、网络化用户和中国社会的新范式》一书撰写的书评中打了一个很有趣的比方[①]：

> 张三和李四都是网民。只不过二人网络上的行为很有些差异：张三经常逛逛门户看看新闻，有时候也会去视频网站看点电视剧，仅此而已。而李四，则喜欢出没于微博、SNS、BBS 之中，也会使用各种 IM（即时通信工具），到处和他人交流。一个不太恰当的比方是：张三是用鼠标的（只看不写这个就够了），而李四是用键盘的（因为他需要打字）。

> 毫无疑问，他们都是网民。但同样毫无疑问的是，他们是有区别的。我们很难用"活跃与否"来对他们做区隔：事实上，张三也是个天天要上网的人。他们的区别究竟在哪里？

> 清华传播学博士，现任教于北师大的何威在他的《网众传播》中回答了这一问题。在他看来，类似张三的这类基本以信息单向接受为主的，是为"大众"，而李四这样的，则可称为"网络化用户"，众多李四则构成了一个群体：网众。

---

① 魏武挥.《网众传播》：从信息爆炸到传播力爆炸 [EB/OL].（2011-10-09）[2018-05-01].http：//weiwuhui.com/4430.html.

从这个比方出发，我们可以追问以下三个问题：（1）社会化媒体与其他网络媒体的本质区别何在？该怎样看待这种区别？（2）网民使用社会化媒体和其他网络媒体的行为及动机有何不同？为什么？（3）社会化媒体是否造就了新的网络行为模式？这对于转型社会将产生何种影响？这三个问题已大体描画出探寻社会化媒体特点与传播规律的范围及向度。

社会化媒体这一概念的提出者梅菲尔德在其电子书《什么是社会化媒体》中归纳了社会化媒体的六大特点：参与、公开、交流、对话、社区化、连通性。这些特点虽然通俗易懂，但存在科学性和完备性不足的问题。一方面，参与、公开并不是社会化媒体的专利，Web 1.0 时代的传统网络媒体同样允许参与并有一定的公开性，只是程度有别；另一方面，交流、对话为同义反复。

分析和总结社会化媒体的特点与规律，关键在于深入理解人（用户）与媒体的关系，以及在使用媒体过程中形成的人与人（用户与用户）的关系。而且，分析和总结还必须立足于与传统网络媒体[①]的比较。结合前文对社会化媒体内涵、外延的界定，本书将社会化媒体的特征总结为如下四点：去中心化的"网众传播"[②]；"用户生产内容"；信息的碎片化；高参与度的多元互动传播。以下分述之。

### （一）传播形态：去中心化的网众传播

本书把大众媒介出现至今的主要媒介分为三类：一是传统的大众媒介，包括报纸、杂志、书籍、广播、电视等；二是网络上的大众传播媒介，包括门户网站、新闻网站等 Web 1.0 时代的主流媒介；三是社会化媒体。这个分类的核心标准在于，前两者都是大众媒介（区别在于是否运用网络化平台），遵从大众传播的规律和特点；后者则是网众传播媒介，遵从的是网众传播规律。

---

① 指 Web 1.0 时代从事新闻登载和信息传播业务的大众传播型的网站，主要包括门户站点和新闻网站等。

② 何威. 网众传播：一种关于数字媒体、网络化用户和中国社会的新范式 [M]. 北京：清华大学出版社，2011：13-20. 在该书中，"网众传播"是指"由网众发起和参与，由社会化媒体中介的传播模式、现象与行为"；"网众"的定义为"积极的社会化媒体用户组织的群体"。

　　关于大众传播，一个广为流传的定义是由美国学者杰诺维茨（Morris Janowitz）于 1968 年提出的：由专业化的机构和技术组成，利用技术设备（平面媒体、广播、电影等等）为大量的、异质的、广泛分散的受众传播象征性内容的活动。[①] 大众传播的概念依赖大众社会才得以成立，这里的大众即在工业化、城市化的现代社会，被视作规模庞大、彼此孤立、漂泊无根、面目模糊的人的集合，或者干脆就是勒庞（Gustave Le Bon）所称的"乌合之众"。

　　大众传播有两个鲜明特点。一是中心化，即传者是信息传播活动的中心。确定的信息生产者与传播者，规模庞大而面目不清的受众，形成中心与边缘的区分。二是非人格化。正如麦奎尔所说，大众传播中具有特别重要意义的是"这种传播关系不可避免地是属于单向或者非人格的"，"而这种关系不仅是不对称的，通常也受到有意的操纵"。[②] 这里的非人格化是指传者与受者之间物化的、缺乏人际情感交流的关系状态。在意识形态话语下，这种关系变成一种经由媒介实施的灌输与接受；在商业话语下，这种关系则变成一种赤裸的物质交换，信息接受者的注意力经过信息载体的中介作用后，被当作一种稀缺资源而成为换取广告费的筹码。在这里，信息接受者不是作为交易的一方，而成为交易的筹码。

　　在 Web 1.0 时代，人类的信息传播行为突破时间和空间限制的能力大为提升，信息从数量到质量、从内容到形式也得到了前所未有的丰富与拓展，但大众传播模式的主导地位并未改变，受众（网民）虽然有了较传统媒体时代更大的自由度和自主权，但总体而言还是处于被动的位置。在机构作为信息发布主体的情况下，"你传我看"的现实并没有改变，门户站点、新闻网站等是人们获取信息的主要渠道，网站与网民之间缺少真正意义上有价值的互动交流。此外，尽管每则新闻后面都提供了"跟帖"区，但网民根本无法也无力借此改变或决定网站的内容生产。而且，大多数网站依然像传统媒体一样依赖广告（网民的注意力之转化）生存。这些事实证明：在大众化的网络传播中，媒体的中心化、媒体与网民关系的非人格化依然牢固地存在。

---

① 丹尼斯·麦奎尔. 麦奎尔的大众传播理论 [M]. 崔保国，等译. 北京：清华大学出版社，2006：45-46.
② 丹尼斯·麦奎尔. 麦奎尔的大众传播理论 [M]. 崔保国，等译. 北京：清华大学出版社，2006：45-46.

上述局面直到社会化媒体的多种应用大规模普及才开始被实质性打破。

首先，社会化媒体的信息生产与传播活动显然有别于三大传统媒体及网络上的大众媒体。它不再存在一个确定的、主导性的信息生产者和发布者，信息传播也不遵从一对多的大众传播模式，而是所有人对所有人的传播。所以，其传播形态从根本上颠覆了大众传播，变成基于人际交互网络的网众传播。在社会化媒体平台上，每个人都是传播主体，即使有组织机构的介入（如官方博客、官方微博、微信公众号等），但它们也是作为与个人完全平等的参与主体而存在的。因此可以说，社会化媒体在本质上是去中心化的。

其次，尽管每一个体的社会化媒体参与行为都极为个性化，并追求以自我为中心，但个体使用的位置（ID）在社会化媒体传播中只是作为一个节点而存在。众多平等的节点相互连通、聚合形成的巨型网状结构又无疑让每一位置成了零散的原子化存在，在实质上充分实现了去中心化。也就是说，一方面，人人即媒体，享有表现个人价值的单独主页和空间；另一方面，并不存在占主导地位的个体，众人参与的传播是在一个大的社区中零碎的圈子与空间的聚合。

最后，以人际传播为主导的社会化媒体，其信息传播无时无刻不是伴随着个体之间的互动交流而展开并得以维系，其中有的交流是即时和同步的（如即时通信、聊天室、微博），有的是延时和非同步的（如博客、论坛）。而且，正是在互动交流中，新的内容不断被生产出来。这种人际交互的本质也使社会化媒体天然具有人格化特征，与大众媒体的非人格化判然有别。

### （二）传播主体: 用户生产内容

"用户生产内容"是社会化媒体的一个本质特征，即用户将自己原创的或感兴趣的内容通过互联网平台进行展示或者提供给其他用户分享。在信息通信技术（ICT）的支撑下，社会化媒体中流动的信息，包括新闻、观点、各类文艺作品等，几乎全部由用户自己生产。

虽然社会化媒体用户的身份和知识背景各异，但生产内容的热情催生了一个

"大规模业余化"的趋势。<sup>①</sup>有无数人从业余的角度进攻专业人士的堡垒，从软件、音乐、电影到文学等领域，无一幸免。如此一来，传统内容生产者的地位如高台跳水，作者死了，但读者和观众活了。<sup>②</sup>当然，这个结论似乎过于乐观，因为业余与专业只是相对而言的，社会化媒体的庞大用户群中活跃着为数不少的专业人士。一位通晓 20 世纪 70 年代旧打字机的"专家"在网上指证，美国哥伦比亚广播公司（CBS）《60 分钟时事杂志》的王牌主播拉瑟（Dan Rather）在 2005 年播出的"小布什兵役舞弊事件"为假新闻，拉瑟因此下台。<sup>③</sup>

当然，大量用户参与内容生产，难免造成信息质量良莠不齐，但这同样会推动社会化媒体信息过滤机制的建立与完善。在一个开放的网络平台中，弥尔顿当年提倡的"观点的自由市场"和"自我修正过程"应该更加适用。

当媒体所有者隐身幕后，用户成了内容生产的主力，出现的必然结果就是信息的传者与受者实现了统一，或者说不再必然分野。而在此前的大众化网络媒体传播中，信息的生产与利用（发布与接受）、传者与受者的分离清晰可辨。

### （三）传播内容：信息的碎片化

据新媒体研究者段永朝考证，碎片一词作为术语最早出现在电脑的磁盘管理工具中<sup>④</sup>，意指磁盘中杂乱无序的剩余空间，是电脑用户待整理的对象。另有研究者认为，"碎片化"（fragmentation）一词起源于社会学，体现在社会转型时期人的分层，即传统社会关系、市场结构和社会观念在经济和技术发展之下发生突变的过程。<sup>⑤</sup>通俗地讲，"碎片化"的本义就是完整的东西破碎成诸多零块。在传播学语境中，碎片化指信息内容欠缺系统性和整体感的状态。

---

① 胡泳. 众声喧哗：网络时代的个人表达与公共讨论 [M]. 桂林：广西师范大学出版社，2008：266.

② 胡泳. 众声喧哗：网络时代的个人表达与公共讨论 [M]. 桂林：广西师范大学出版社，2008：264.

③ 何威. 网众传播：一种关于数字媒体、网络化用户和中国社会的新范式 [M]. 北京：清华大学出版社，2011：115.

④ 段永朝. 互联网：碎片化生存 [M]. 北京：中信出版社，2009：131.

⑤ 郑莞雨. 社会化媒体浪潮下的碎片传播分析 [J]. 中国广播，2011（11）.

在大众媒体居主导地位的时代，内容生产是由媒体机构有计划、系统性地组织完成的。虽然信息的丰富性与多样化程度有限，但组织化、规模化的工业生产保证了内容的整体感与系统性，基本不存在碎片化问题。或者说，大众传播环境中，具有碎片化特征的是受众，而不是内容。随着信息通信技术门槛的逐步降低以及社会化媒体应用的普及，"人人都有麦克风"成为可能。信息生产主体的多重性、多样化、平民化，信息生产和发布技术的易操作性，信息传播动机的多样化与不确定性，等等，都导致并不断加剧信息内容的海量化、离散化，其结果就是创造了一个内容丰富多样但整体感缺乏的碎片化世界。

碎片化是一个优劣互见的状态。其优点在于保证人们享有更为充分的信息生产和消费自由。微博诞生后，有人提出，"140 字的发言限制将平民与莎士比亚拉到同一水平线"[①]，说的虽然是碎片化写作对文学作品生产水平的制约，但同时也隐含一个重要命题: 平民的信息生产权利与传播自由。其缺点在于，碎片化的信息生产与传播削弱了传统精英社会中信息真实、有力、持续的部分，进而伤害了深刻智慧的价值。[②]

当然，社会化媒体在发展过程中并非听任碎片化负面作用的存在与滋长。如何既保障来之不易的传播自由，又不以过分牺牲人类的整体智慧为代价，应该是互联网产生后诸多技术精英和人文学者不断思考的问题。开放共享与聚合应该是制约碎片化传播负面影响的有效手段，也成为社会化媒体内容生产过程的一个具有人文色彩的技术特征。这呼应了桑斯坦在其著作《信息乌托邦: 众人如何生产知识》中提出的解决方案——"信息聚合机制"[③]。这个机制的存在与发展也许正是当下社会化媒体努力实践的通往"信息乌托邦"之路。

---

① 邓飞. 微博缔造全民狂欢时代 粉丝"围观将改变社会" [EB/OL]. (2010-12-19) [2018-05-01]. http://news.sohu.com/20101219/n278391129.shtml.

② 郑莞雨. 社会化媒体浪潮下的碎片传播分析 [J]. 中国广播，2011 (11).

③ 桑斯坦. 信息乌托邦: 众人如何生产知识 [M]. 毕竞悦，译. 北京: 法律出版社，2008: 160.

### （四）传播模式：高参与度的多元互动传播

社会化媒体打破了大众传播模式下的组织机构对内容生产与发布权的垄断。信息通信技术的发展加快了社会化软件的低门槛化，并随之赋予广大用户参与内容生产与发布的权力，网民的主体性地位得以彰显和强化，一种"人人均可参与"[①]的传播权力分布格局初步形成。

社会化媒体的技术门槛、经济门槛、素养门槛均很低。几乎所有社会化媒体的界面与功能设计都以简单易用为基本原则，而且一般免费，注册即可使用；在使用过程中，媒体除根据相关法律对内容进行审查与过滤外，不会因使用者的知识与技能差异而剥夺其使用权。因此，一个普通人，只要具备基本条件（会用电脑上网，能支付上网费用）就能成为社会化媒体的用户，并参与内容生产。

问题在于，既然人人都可参与，那么，每个人该怎样参与？大规模的用户扎堆以后，社会化媒体会变成一个什么样的话语场？大家都用一个声音讲话当然是不可能的，但如果每个用户都进行自说自话式的内容生产，结果将难以想象。当然，实际情况是——多元化的互动传播。

社会化媒体中的"社会化"一词在实践层面至少包含以下两层含义。

一是表明其内容生产与传播带有较强的公共性。即强调开放、共享，并允许和充分鼓励所有参与者对内容进行评论、反馈、修正和再传播。这一点有别于中心化的大众传播，也迥异于私密性的人际传播。而媒体所有者隐身幕后的事实，也保证了社会化媒体平台自身立场的中立性，可以为持有不同政治观点、利益诉求和表达方式的参与者提供相对公平、开放的话语空间。

二是表明内容生产者和参与者之间存在广泛的人际互动。社会化媒体的信息生产与发布过程虽然不全是传统意义上的一对一的人际传播，但其存在和拓展的基础还是人际网络（熟悉的和陌生的），是所有人对所有人的传播。这种以人的社会关系为基础的传播也必然会接近真实地反映现实社会空间中表达的多元状

---

[①] 何威. 网众传播：一种关于数字媒体、网络化用户和中国社会的新范式 [M]. 北京：清华大学出版社，2011：113.

态，而身份的隐匿还会激发人的表达欲。所以，多元互动顺理成章，社会化媒体也正是在多元互动的前提下才得以存在和快速发展。

## 三、社会化媒体对公共性的拓展

这里说的公共性拓展，是从比较的视角出发，将基于社会化媒体的各种传播现象及社会影响与传统媒体及第一代网络媒体进行对比分析的结果。前文已述及，传媒的公共性是一个历史的、动态的现象，在不同时代和不同环境中的水平及表现形式会存在较大差异。

在我国的政治语境和媒介环境中，传媒公共性一方面取决于传媒体制及体制规训下的传播实践，所以传媒改革必然带来传媒公共性的变迁[1]；另一方面还取决于信息传播技术的升级换代，依托先进技术的新型传播媒介也会影响传媒的公共性水平。传播实践与信息传播技术在互动中结合，并共同推动我国传媒公共性的拓展。

本书第二章第三节已将传媒的公共性概括为公开性、公益性与批判性。这里分析社会化媒体对于公共性的拓展，依然遵循上述逻辑。

### （一）社会化媒体拓展了传媒的公开性

从阿伦特到哈贝马斯，诸多研究者都强调"公共"和"公开"的内在联系，认为"公开"蕴含了"在场"和"面对面对话"的意味，这明显带有西方早期直接民主和资本主义上升时期沙龙式公共领域的味道。后来的研究者汤普森虽然也认为"公开"应当是可见的（visible）和可以察看的（observable），但由于有了传播媒介的参与，应弱化"在场"和"面对面"的要求，从而接受"特殊的可见性"[2]。

---

① 许鑫. 传媒公共性：概念的解析与应用 [J]. 国际新闻界，2011（5）.
② 徐贲. 传媒公众和公共事件参与 [EB/OL]. [2018-05-01]. http://www.aisixiang.com/data/4850.html.

本书认为，在公共性视角下，传媒的公开性应包含两层含义：一是指传媒应做到信息公开，不掩盖事实真相；二是指传媒应该对公众开放，成为公众表达利益诉求的平台。

### 1. 信息公开层面

不论是政府层面对公众实行政务信息公开，还是主流大众媒体及时、全面地向公众报道社会各领域发生的新闻，这两项要求在中国现实政治体制和传媒管理体制下都没有完全实现，也不可能一蹴而就。政府逐步实行的政务信息公开和媒介报道面的拓宽都是在政治改革、传媒体制改革以及传媒科技发展的合力推动下渐进实现的。

历史地看，1978 年以来的新闻改革本身也在不断给传统媒体的新闻报道松绑，特别是 80 年代媒体对新闻本位的重新认识与回归，推动我国传媒公共性的萌芽和零星呈现，其具体表现如政府开始健全新闻发言人制度、新闻批评传统得以恢复、深度报道兴起、媒体开始树立公开报道的理念等，但由于当时的传媒结构单一、传媒商业化水平较低、管理体制没有实质性突破、媒体报道禁区较多等制约因素的存在，传媒的公共性仍十分不足。[①]

20 世纪 90 年代，随着新闻商品性问题的讨论深入开展，我国迎来以都市报为主体的第二次办报高潮，市场化媒体随之出现，传媒结构趋向多元，新闻专业主义成为新闻业界和学界普遍认可的业务规则和理论原则，部分主流媒体开始表现出较强的公共性特征，如《南方周末》的批评报道、《中国青年报·冰点周刊》的调查特稿、中央电视台先后创办的《东方时空》《焦点访谈》《新闻调查》《实话实说》栏目和节目，都在一定程度上拓宽了媒体的报道范围，也更好地满足了公众的知情权和参与权。[②] 但是 90 年代中期以来，在政治权力硬约束依然存在的情况下，资本与权力结合并对传媒运作实行软约束的现象也日益明显，传媒内容生产开始呈现娱乐化、媚俗化趋势，最终成为侵蚀传媒公共性的一大公害。

---

① 许鑫，李霞婷. 当代中国传媒改革与媒介公共性的变迁 [J]. 浙江传媒学院学报，2013（3）.
② 许鑫，李霞婷. 当代中国传媒改革与媒介公共性的变迁 [J]. 浙江传媒学院学报，2013（3）.

与三大传统媒体相比，20世纪90年代后期兴起的第一代网络媒体因其市场化程度高，且大多没有传统媒体包袱，加之技术逻辑决定的信息超链接、把关难度高、传播迅速、覆盖面广、传受互动方便，还有体制内的管理者对网络媒体缺乏管理经验等原因，信息传播的公开性程度向前迈进了一大步。在21世纪初的几起重大事件——"孙志刚事件"（2003年）、"非典"疫情（2003年）、"沈阳刘涌案"（2003年）、"黑龙江宝马案"（2005年）、"哈尔滨天价医药费案"（2005年）——的信息传播中，网络媒体初露锋芒，突破信息管制，跟踪事件进展，并及时呈现网络民意，诸多表现已让传统媒体无法比拟。在这些事件的直接和间接推动下，我国于2008年5月1日起实施《中华人民共和国政府信息公开条例》，并于2009年发布《国家人权行动计划（2009—2010年）》，明确提出保障记者的采访权、批评权、评论权和发表权。网络媒体与政治权力的互动，在推进信息公开的同时拓展了传媒的公共性。

21世纪的头十年，在第一代互联网大发展的热潮中，博客、论坛兴起，其后微博、微信等应用也在移动终端的助推下迅速普及，社会化媒体成为信息传播格局中无法忽视的重要力量。社会化媒体的信息公开作用不仅远超传统三大媒体，而且明显强于第一代网络媒体。具体表现及原因如下。

一是"用户生产内容"急剧扩大了信息生产者规模。"用户生产内容"是社会化媒体最重要、最本质的特征，也是媒介发展史上其他媒体形态不曾具备的功能。正是这个特质实现了向广大用户赋权的效果，造就了"人人都有麦克风""人人都是自媒体"的传播局面。当大多数社会化媒体用户成为信息生产者和传播者时，信息公开的程度可想而知。社会化媒体推动的网络舆论之所以能形成强大的声势和社会力量，也与舆论前端的信息公开过程有极大关系。

二是基于社会关系网络的"病毒式传播"提升了信息传播的渗透率。社会化媒体依托网民的社会交往需求而存在，又借助人际关系网络传播新闻及公共信息而成就其媒体属性。而且，基于人际关系网络进行的信息传播不同于大众传播条件下漫无目的的"撒播"，其精准度和到达率大幅提高。同时，它遵循"病毒式传播"的信息扩散方式，在移动通信工具（智能手机、平板电脑）的帮助下，既加快了信息传播速度，还能突破时空阻碍，起到无线电波无法企及的信息公开效果。

三是在政务信息公开领域，管理机构也开始意识到社会化媒体工具的强大功能并自觉加以运用。自一批明星官员的政务微博火爆并成为一支舆论引导力量之后，各级党政机关在其日常信息公开工作中开始重视社会化媒体的功能与作用，推动政务"双微"（微博、微信）成为各级政府、各地职能部门信息公开工作的标配。体制内力量的加入，无疑客观证实了社会化媒体在政务信息公开领域已形成明显优势。

### 2. 媒介开放层面

媒介的开放水平可以从两个方面来理解，一是主体创办媒介机构的门槛，二是公众运用媒介的门槛及方便程度。在这两个维度，不论是纵向比较还是横向比较，传统媒体都不及第一代网络媒体，第一代网络媒体又不及社会化媒体。

对于传统媒体的创办而言，在中国语境下，首先是政策门槛，其次才是资金和技术门槛。因为我国的传统媒体属于公有制，实行事业化的管理模式，非官方资本很难获得创办资格；对于传统媒体的使用而言，社会公众是信息的接受者，只能在媒体提供的信息内容及框架下使用信息（也是使用媒介）。如果公众需要通过传统媒体表达利益诉求或者参与公共话题讨论，渠道则十分狭窄，比如热线电话、读者来信等，限于版面和时段，这些内容经过层层把关和筛选后，也只能得到极其有限的呈现。这种情况是由大众传播规律及传统媒体的物理条件（介质、线性传播）决定的。

创办网站的政策门槛已明显低于传统媒体，早期的资金要求也不高，但技术门槛相对较高。对于普通公众而言，上网的渠道限制也基本不存在，只是在互联网发展初期，受上网资费和网络硬件价格限制（需要连网的电脑和路由器，当时价格不低），使用不及传统媒体便利。但如今，随着网络的普及，以及电脑价格和上网资费的逐步降低，使用上的障碍已基本消除。同时，网民通过第一代网络媒体表达利益诉求及参与公共表达的空间和途径也明显多于传统媒体。这是因为，一方面，网络媒体的新闻登载量不受版面和时段限制；另一方面，不论是通过新闻跟帖来表达，还是通过新闻爆料来表达，网民的声音在网络媒体上得到呈现和受关注的可能性都大大增加。

在社会化媒体条件下，创办和使用媒介的政策、资金和技术门槛都明显降低了。一方面，随着网络技术的发展及其应用低门槛化和赋权效果，网民开办个人博客、微博和微信公众号都十分便捷，除了时间投入以外，既无政策限制，也不存在资金要求，技术门槛也很低；开办论坛的技术和资金门槛相对较高，但登录论坛参与公共事务讨论的技术和文化要求也不高。另一方面，"用户生产内容"机制使得社会化媒体的生产者和使用者合二为一，用户既可以方便地申请创办自媒体发布信息，也可以在别人的自媒体上阅读信息、发表观点、表达诉求，还可以及时互动交流。近年来，社会化媒体成为我国主要的思想集散地和舆情传播平台，其原因之一就是网民运用社会化媒体进行表达的门槛低，受到的控制和干扰少。

## （二）社会化媒体拓展了传媒的公益性

传媒的公益性有广义和狭义两种理解。广义的公益性是指传媒应该维护和服务于公共利益，不能为权力或市场所左右；狭义的公益性是指传媒直接参与社会公益活动的空间与能力。

### 1. 广义的公益性

一直以来，我国的新闻学理论及新闻管理体制中都强调新闻事业的党性和人民性，并坚持党性和人民性的统一。这里的党性、人民性与本书所谈的公共性有重叠部分。童兵认为，社会主义新闻事业的人民性主要包括：代表广大人民群众的政治上和经济上的利益，倾听他们的呼声，反映他们的疾苦，解决他们的困难；体现人民的监督，主持公道，伸张正义，扶植正气，打击歪风，充分发扬民主，保护人民的民主自由，使人民有效地行使当家作主的社会主人的权利，等等。① 从这个表述来看，传媒（新闻事业）的人民性内涵应该涵盖了公益性的要求。

学者界定的传媒公益性更多的是表达一种应然状态。在我国现实政治生态和传媒环境中，传媒的公益性水平往往受制于传媒体制对于传媒日常新闻业务的约束与管控。比如我们常说的"以正面报道为主""传播正能量"，还有屡受诟病的"报喜不报忧""灾难不是新闻，救灾才是新闻""负面新闻统一报道口径"等现象，就是新闻报道实践中传媒无法完全履行公益性职能的表现。这也说明，在实际工作中，少数管理者过度估计了负面新闻的传播效果，将新闻事业的党性与人民性割裂开来，造成了党和政府形象及传媒形象都受损的局面。

与之不同的是，网络媒体特别是社会化媒体在拓展公益性上有了更大的作为和表现空间。当前，我国的社会化媒体用户规模大、黏性好，并迅速成为新闻的重要供给源、社会情绪的主要出口和网络舆情的策源地。这既成为社会化媒体能够有效拓展公益性的重要原因，也是社会化媒体具备较高公益性水平的直接体现。

大多数第一代网络媒体和社会化媒体不是从体制内的传统媒体生长出来的，而是由体制外资本创办，遵循市场化原则运营。在实际运作中，网络媒体在市场竞争的驱动下，追求快速、全面、准确地报道新闻，及时反映社情民意，从而拓展了传媒的公益性。这既因为网络媒体具备快速采集和发布新闻的优势，特别是社会化媒体还能通过社会关系网络对新闻信息进行多方求证并及时补充或修正；还因为传媒体制在一定时间内不适应、不熟悉新兴的网络媒体，所以在管理上留出了一定的余地。

### 2. 狭义的公益性

传统媒体和网络媒体都会参与社会公益活动，这构成社会公益传播的一个重要组成部分。公益传播是指具有公益成分、以谋求社会公众利益为出发点，关注、理解、支持、参与和推动公益行动、公益事业，推动文化事业发展和社会进

---

① 童兵.新闻转轨的突破口：确立人民性的权威地位 [J].新闻知识，1987（2）.

步的非营利性传播活动，如公益广告、公益新闻、公益网站、公益活动、公益项目工程、公益捐赠等。①

随着网络媒体的快速发展，传统意义上由公益组织发起、借助传统媒体进行的公益模式面临着诸多问题，尤其是传播面窄、参与度低，很大程度上阻碍了公益项目的效果实现。2011 年，中国慈善事业出现转折点：一方面，郭美美微博炫富等事件使官方慈善组织饱受质疑，社会捐款数锐减，传统公益遭遇瓶颈；另一方面，通过互联网组织、宣传和参与的公益模式成为新宠，社会公益开始走向多元化。

网络平台上的公益行为既体现在积极发起和参与社会公益活动，还体现在社会公益方式的创新。公益活动的发起和参与是公益性最直观的体现。2010 年以来，诸如"微博打拐""免费午餐""衣加衣"等知名度较高的全国性社会公益活动，大多由社会化媒体发起，或以社会化媒体为推广平台。这些公益行为取得了较好的效果，也强化了社会化媒体的公益职能和社会影响。

网络公益较之传统公益具有明显的优势。首先，发起者由公益组织扩展到广大公众。网络时代的公众拥有发起活动的自主权，任何人都能借助网络发布公益信息。其次，参与方式由"线上线下脱节"转向"线上线下结合"。传统公益往往需要将信息由从大众媒介传达给公众并形成影响，中间耗时较多，而网络时代的公益参与实现了线上线下结合。如"多背一公斤"活动就是一个线上线下结合较好的公益案例。最后，宣传效率和效果明显增强。网络公益信息大量通过微博、微信、博客等平台传播，不受时间、地点限制。②

另外，网络公益的方式创新推动了公益事业发展，如网络众筹、微信打赏，以及新浪、搜狐、网易、腾讯等门户网站推出的移动公益平台等，这些依托社会化媒体开发出来的新功能、新平台，虽然初衷未必指向公益，但在网络公益活动中大放异彩。2016 年引起广泛关注和讨论的"罗一笑事件"，当事人就是通过微信公众号获得打赏的方式完成了公益筹款：仅 2016 年 11 月 30 日当天，一篇题

---

① 张晓荔，张健康.公益传播现状及发展前景 [J].当代传播，2005（3）.
② 高晶怡.网络公益与传统公益的区别及发展趋向 [J].新闻世界，2012（9）.

为《罗一笑，你给我站住！》的文章就在微信公众号获得读者 252.58 万元的打赏式捐赠。该事件后来出现反转，则是由当事人自身的问题引起，此处不论。

### （三）社会化媒体拓展了传媒的批判性

在参考已有研究成果①的基础上，本书认为，传媒的批判性是指传媒应承担社会公众对公共事务开展理性辩论和对话的平台功能，包括对丑恶现象及社会不公的批评，也包括围绕社会问题展开的平和对话。

传播学的媒介功能理论认为，媒介具有监测社会的功能。媒介发挥这一功能通常表现为向人们发出危险警报，施拉姆把它比喻为"雷达功能"。②不论是在词语含义解读层面，还是在实践操作层面，"监测社会"都天然包含了批判性的内核，即以审视和批判视角采写新闻报道，指出社会问题之所在。哈贝马斯早期的公共领域理论强调对政治权力的批判，并将批判性看作资产阶级公共领域的重要特征，同时他把希望寄托在批判性知识分子身上，试图通过他们谴责权力的滥用和社会不公现象，追求真理、公正、进步等绝对价值。③哈贝马斯同样对大众媒介的批判性寄予厚望，正是由于对 20 世纪以来资本主义大众媒介中立性和批判性的整体衰落大感失望，他才提出"公共领域结构转型"这一论断。

在中国的媒介生态和政治语境下，媒介的批判性通常是通过"批评和自我批评""舆论监督""新闻舆论监督"等官方认可的概念得以呈现的。中共中央在1950 年 4 月 19 日专门作出《关于在报纸刊物上展开批评与自我批评的决定》，其中规定："在一切公开的场合，在人民群众中，特别在报纸刊物上展开对于工作中一切错误和缺点的公开批评与自我批评。"1954 年 7 月 17 日，中共中央在《关于改进报纸工作的决议》中再次强调："报纸是党用来开展批评和自我批评的最尖锐的武器。"

---

① 许鑫，李霞婷. 当代中国传媒改革与媒介公共性的变迁 [J]. 浙江传媒学院学报，2013（3）.

② 张昆. 大众媒介的政治社会化功能 [M]. 武汉：武汉大学出版社，2003：15.

③ 道格拉斯·凯尔纳. 公共领域与批判性知识分子 [EB/OL]. [2018-05-01]. http：//www.aisixiang.com/data/60146.html.

舆论监督作为公民宪法权利（监督权）的体现和常见形式，是社会公众运用各种传播媒介对社会运行过程中出现的现象表达信念、意见和态度的活动。这里的"传播媒介"是泛指，以传播新闻为主体的大众媒介只是其中一类。[①] 所以，也可理解为，新闻媒体的监督（即新闻舆论监督）只是舆论监督的一种。舆论监督的实质是公众监督，新闻媒介是公众借助的渠道，当然也是主要渠道，因为新闻媒介是现代社会中重要的制度性存在和普遍性存在，是公众易于接触和获取的社会资源。1998年，时任总理朱镕基给央视名牌栏目《焦点访谈》的赠言"舆论监督，群众喉舌，政府镜鉴，改革尖兵"，正是对新闻媒介勇于承担舆论监督功能的肯定和褒奖。

传媒的批判性既可以微观体现在一篇新闻报道或评论文章中，也可以中观呈现在一家媒体日常新闻报道的选题范围、报道方针、风格定位上，还可以宏观表现在一个城市、一个地区或一个国家范围内的新闻传媒实践的新闻报道与舆论引导的整体状况和多样化程度。而且，对于传媒而言，批判性是一个变量而非常量。在不同时代、不同媒介环境下，传媒的批判性水平始终处于变动之中。本书的研究是采用宏观视角来看待和分析传媒的批判性特征。

1. 传媒的批判性在媒介升级换代中由弱变强

纵观历史，依靠少数具有批判精神的知识分子完成社会批判任务并不现实。这种期待也体现了哈贝马斯对于大众传媒持否定及不信任态度的精英式思维。其实在大众传媒居信息传播主导地位的现代，正是大众传媒承担了主要的社会环境监测、预警和批判职能。即使偶有知识分子发声，其也是借助大众媒介提供的话语平台，比如美国著名政论家李普曼就是通过在媒体开设政论专栏来开展他的社会批判。

在我国的政治及传媒环境下，传统媒体的批判性相对较弱。我国传媒定位为党的新闻事业，在资金、人事及重大业务上都不具备真正的独立性，报刊及广电媒体拥有行政级别；同时，传统媒体的突发事件报道、批评性报道、调查性报

---

① 张耀心. 从典型案例分析舆论监督下的独立审判制度 [J]. 法制与社会，2019（3中）.

道及新闻评论的刊发都有相应规定。网络媒体则拓展了传媒的批判性。第一代网络媒体通过扩大报道范围、加快新闻更新速度、提供讨论空间等手段提升了批判性；社会化媒体则在此基础上又向前推进了一大步。21世纪初的第一个十年里，论坛和博客火爆时的景象——全天充斥着关于公共事件及社会问题的激烈讨论，或者轻易就将私人话题转换成公共话题并迅速形成网民的分化与对攻——经历者大多记忆犹新。如今，微博、微信、抖音平台上的情形基本类似，其成为网络舆论的主阵地而备受社会各界关注。

2. 话语权格局的变化提升了社会化媒体的批判性

社会化媒体之所以能成为公共话题讨论的平台，并大大拓展了传媒的批判性，最重要的原因在于其技术逻辑及用户规模优势改变了传统媒介环境下的话语权格局。

法国学者福柯（Michel Foucault）在《话语的秩序》中提出"话语即权力"的观点，其相关著述在中外学界掀起了一股研究话语和话语权的热潮。福柯认为，话语意味着一个社会团体依据某些成规将其意义传播于社会之中，以此确立其社会地位，并为其他团体所认识的过程。[①] 或者说，是各种机构通过一种界定和排斥过程运用其权力的手段。[②] 而话语的表达与传播，往往和传播介质、传播技术紧密联系在一起。所以，话语权可以界定为：传播主体（机构、个人）运用媒体表达和传播观点，并影响其他机构和社会成员的思想和行为的权力。

媒介话语是对世界的表征，并试图将其变为一种公认的对现实的定义，媒介因此得以控制受众，并获得一种强有力的社会权力。媒介话语往往不是现实的直接反映，而是对现实的定义和建构，具有相对的自主性。[③] 媒介话语权问题通常涉及谁拥有表达权、通过何种方式（工具）表达、表达什么、构成何种影响，等

---

① 王治河. 福柯 [M]. 长沙：湖南教育出版社，1999：159.

② 约翰•斯道雷. 文化理论与通俗文化导论 [M]. 杨竹山，等译. 南京：南京大学出版社，2001：130.

③ 张力. 试析媒介话语的意义生产 [J]. 广西大学学报（哲学社会科学版），2011（2）.

问题。其本质是通过表达来影响和引导事件进程、社会思潮和舆论走向。

麦克卢汉（Marshall McLuhan）声称"媒介即讯息"。照此逻辑归纳福柯的论断，似乎也可以说"媒介即权力"。这就是说，每一次重大的传播技术革新都会重构传播格局，也会决定话语权的重新配置。具体而言，互联网技术的诞生及广泛应用对以报纸、广播和电视为主体的传播格局造成了深远影响；同样，社会化媒体的崛起也再次改变了传统媒体与网络媒体两分的格局。

当前的媒介话语权分布格局大致如下。

首先，三大传统媒介话语权式微。网络媒体崛起后，报纸的话语权最先受到冲击。"百度知道"上有人提问：中国有多少家报纸？一个略显夸张，也颇具黑色幽默意味的回答是"很多，都没人看"[1]。这当然不是全部真相，但全国范围内报纸读者数量的持续下滑已是不争的事实，有多项研究提供了相关数据。[2]

面对这种局面，一位省级党报的中层领导在其文章中发出悲叹：

> 许多同行日夜辛苦，殚精竭虑，文章煌煌，版面辉辉，可读者寥若晨星，无人喝彩，辜负了心思，白发无数。这就是现实，这就是这个时代残酷的一面——极大的丰富，导致极大的孤独。永远告别一张报纸、一个喇叭的年代后，谁都是表达者，谁又都是选择者，熙熙攘攘，又有多少人专注倾听？[3]

期刊和广播在当前传播格局中虽仍有生存空间，但已明显趋于小众化，其话语权和影响力均十分有限。作为传统媒介中坚力量的电视目前仍维持较大的影响力，但三网融合的政策趋势和网络媒体（尤其是视频网站和网络直播）的火爆对其生存空间造成极大挤压，导致国内电视台被迫大力发展娱乐节目维持开机率、

---

① 提问时间为 2012 年 9 月 4 日，http://zhidao.baidu.com/question/472434060.html。

② 参见：2016 年新闻出版产业分析报告 [EB/OL]. (2017-07-26) [2018-05-01]. http://media.people.com.cn/n1/2017/0726/c120837-29429940.html；牛春颖. 报纸仅 1 年读者流失 350 万 80 后显著下降 [EB/OL]. (2012-10-31) [2018-05-01]. https://news.qq.com/a/20121031/001219.html.

③ 金波. 传统媒体话语权三问 [J]. 新闻实践，2013（2）.

收视率和广告收入。如此一来，发展趋势可能是，电视在社会生活更主要领域（民生、政治、思潮、舆论等）的影响力逐渐下降，从无奈退守走向真正的边缘。

其次，第一代网络媒体话语权基本确立，但过渡特征明显。当代最重大的和划时代的媒介变革是由互联网开启的。尽管遵循大众传播规律的第一代互联网应用形态商用普及至今才 20 余年，但已从根基上颠覆了自印刷媒介诞生以来的格局和基本规则，全球性的媒介秩序开始重构，媒介话语权也因此重新配置。

第一代网络媒体最重要的功劳是普及互联网应用常识，并成功实现了大众传播由传统的三大媒介向互联网的转移。因为兼具海量新闻信息、评论性观点集纳、内容更新快捷、互动反馈机制灵活等特征，第一代网络媒体实现了话语权获取和舆论影响力扩张。但作为大众传播媒介，其话语权的实现过程与传统三大媒介并无本质区别，只因技术优势而在话语权争夺中后来居上。2005 年，国内多家报纸通过一纸《南京宣言》结成同盟，试图与互联网对抗。[①] 纸媒的结盟行为表面上是对抗网络的廉价转载，但本质上还是对话语权转移后的不甘心与无奈抗争。

最后，社会化媒体已成为话语权争夺中的优胜者。1994 年，中国第一个网络论坛"曙光 BBS"诞生，但直到 2004 年博客网站（"博客中国"）的出现，社会化媒体作为一种媒介种类才初具雏形。以此为起点，博客书写所隐喻的网络话语权作为一个研究对象正式进入学界视野。以个体书写和个性化表达为特征的博客，无疑极大拓展了个体的话语空间。而且，众多博客作者的书写行为，以及大量博客粉丝的关注与转载，在赋予知名博主舆论影响力的同时，也确立了博客这一媒介形态在话语权争夺中的黑马地位。其后，内容分享网站、社交网站的崛起，尤其是 2009 年门户微博的出现，迅速掀起了社会化媒体应用狂潮。民间话语表达、网络舆论与诸多突发事件相结合，让社会各界猛然意识到社会化媒体强大的话语力量和影响中国社会的多种可能。在这种局面下，社会化媒体的话语权优势迅速超过第一代网络媒体。正如喻国明所言，"当今世界传播业的基本趋势

---

① 新闻产品被网站廉价使用，《南京宣言》呼吁全国报业抵制 [EB/OL]．（2006-04-10）[2018-05-01]．http://zqb.cyol.com/content/2006-04/10/content_1354624.htm.

是传播的权力天平逐渐向草根倾斜"①。

社会化媒体为何能在短时间内获得强大的话语权？关键就在于信息传播技术的赋权效果，而对用户的赋权最终也实现了对媒体的赋权。社会化媒体打破了大众传媒一统天下的格局，普通受众由被动的接受者变成主动的生产者，进而变成集信息生产者与消费者于一身的"网众"。其碎片化的信息生产行为，经由社会化媒体的聚合、融合、互动而汇聚成一股强大的力量，进而推动并改变现实世界诸多具体事件的发展进程，甚至影响社会思潮、舆论走向和政府决策。这也印证了美国学者安德森（Chris Anderson）提出的"长尾理论"：那些单独看起来很不起眼的尾部一旦聚合起来，其价值便可以与头部相抗衡。而社会化媒体，就充当了那个把长长的尾部聚合起来的角色。

当然，我们也不能过于乐观地估计社会化媒体公共性拓展带来的社会影响，否则就过犹不及，不经意地陷入技术决定论的窠臼。正如卡斯特（Manuel Castells）所言："要了解技术与社会之间的关系，必须谨记国家的角色，不论是拖延停顿、解除束缚，或是引领技术创新，都是整个过程中的决定因素，因为国家表现与组织了特定时空里支配性的社会和文化力量。在相当大的程度上，技术表现了一个社会通过社会制度——包括国家——驱使自身掌握技术优势的能力。"②

## 小　结

社会化媒体是当下我国媒介生态及舆论环境下呈现公共表达的主要平台和渠道。因此，要研究公共表达这一传播现象，以社会化媒体为考察对象是比较理想的选择。社会化媒体是全书的逻辑起点，也是核心概念之一。那么，这类媒体的内涵、外延及特点是什么？这类媒体的公共性与此前的传统媒体及第一代网络媒

---

① "众声喧哗"重塑传播格局　传统媒体须转型求变 [EB/OL]. (2012-08-31) [2018-05-01]. http：//www.chinanews.com/gn/2012/08-31/4150448.shtml.

② 曼纽尔·卡斯特. 网络社会的崛起 [M]. 夏铸九，等译. 北京：社会科学文献出版社，2003：16.

体有何区别以及原因何在？这些问题也构成了全书的基础性部分，回答它们是本章的目标所在。

本章以中西方学者给出的不同定义（有描述性的，也有规范性的）为基础，结合笔者的理解，对社会化媒体做出了符合本研究需要的内涵界定。同时，针对社会化媒体近十年的发展情况，既考察其纵向的更替过程，也考察其横向的互补关系，在历时与共时两种视角下界定了社会化媒体的外延（即构成情况）；进而，依托内涵与外延概括提炼了社会化媒体的主要特点，特别强调了"用户生产内容"和"多元互动"是其重要内核和本质特征，社会化媒体的其他特点及其对用户的赋权效果皆因此而实现；由此顺利延伸到本章的核心问题：社会化媒体对公共性的拓展。

本章的主要结论是，在构成传媒公共性的三个维度（公开性、公益性和批判性），社会化媒体相对于传统媒体及第一代网络媒体均有所拓展，尤其是在公开性、批判性两个方面，拓展效果明显。这既是新媒体技术赋权效果的体现，也是新型公共表达环境出现和持续存在的前提。这也说明传媒公共性与公共表达之间存在紧密的逻辑关联。

第四章

# 社会化媒体公共表达的构成要素

社会化媒体具有的"用户生产内容"、去中心化、多元互动等特点，以及与移动终端结合带来使用率日益走高的现实，都使其成为公共性突出的媒介类型：有广泛的、来自社会不同阶层的用户；能迅速传播社会公共事件并形成大范围的讨论；是网络舆情生成和演化的主要平台，并直接影响社会舆论走向。2015年前后引起较高社会关注度的公共事件，如方韩"代笔"之争（2012年）、方崔"转基因论战"（2013年）、"夏俊峰案"（2013年）、"曾成杰集资诈骗案"（2013年）、"东莞扫黄事件"（2014年）、"21世纪报系新闻敲诈案"（2014）年、"南京宝马撞人案"（2015年）、"上海外滩踩踏事件"（2015年）、"侯聚森被围殴事件"（2015年）、"快播案"（2016年）、"雷洋案"（2016年）等等，有的首发于社会化媒体，有的先由传统媒体报道后迅速进入社会化媒体加速传播，并引起广泛而热烈的讨论。这些事件的发展轨迹也因为相关网络舆情而改变。

近20年，参与公共表达程度较深的社会化媒体，按时间先后依次是论坛（社区）、博客、微博和微信。

## 一、呈现公共表达的社会化媒体主流平台

社会化媒体的应用普及是Web 2.0时代的主要表征。从20年前的论坛到博客，再到10年前的微博和微信，还有短暂辉煌的社交网站和经久不衰的即时通信平台QQ，以及维基百科和问答社区等，不同的社会化媒体平台在保持共性的同时也呈现出不同的技术特征，也因此形成了不同的信息传播机制与模式。它们在迭代发展的同时，又各有侧重、互为补充。这些各具特点的平台可以吸引和满足有不同动机和需要的用户，也因此在公共事件的传播和公共表达上表现出不同

的质地和特点。

如果从经验角度来判断不同形态的社会化媒体在公共表达中的作用及其话语立场分化情况，网络舆情专家祝华新的总结颇能说明平台的区别与更新换代情况：

> 以前天涯社区是网络舆论的发动机，搞舆情监测主要是盯天涯。郭美美事件为拐点，转向了微博。2013 年我们统计 20 件网络热点舆情时，援引过天涯社区、凯迪社区、强国社区、新浪微博、腾讯微博、人人网、开心网的数据。从 2014 年 10 月份起，舆论阵地又转向了微信公号。

> 不同的网络载体，后面站着不同的社群。微信公号偏精英，最有草根性的是新闻跟帖，我称为"水淋淋"的民意。微博和博客还是大 V 占据主导，他有表演欲望，因为新闻跟帖全被淹没了，所以即使有话他也懒得在新闻后面随手发帖，小老百姓在那儿发帖的可能性更大。BBS 有一定的平民性；QQ 空间的草根性更强。一两年前，中国两亿多打工仔主要活跃在 QQ 空间。这些不同的网络社群之间存在着某种物理隔绝现象。[1]

### （一）"社交" 与 "媒体" 的组合方式影响公共表达

基于关系网络传递信息并形成互动交流，这是所有社会化媒体的共同特点，即同时兼有社交属性与媒体属性，也是社会化媒体之所以有 "社会化" 这一限定词的根本原因。但由于技术逻辑的差异，不同社会化媒体在社交属性和媒体属性上各有侧重，这就产生了不同的偏向——社交偏向与媒体偏向。[2]

偏向的存在取决于两大因素。一是平台本身所属的技术类型，比如论坛与博客的差别就十分鲜明。一般来说，即时通信、社交网站、微信等是社交偏向的，而论坛、博客、微博是媒体偏向的。二是平台所隶属的母体特点，如几家门户网

---

① 石岩 . 2014 年的中国网络舆情：拉一拉就是朋友，推一推就是敌人 [N]. 南方周末，2015-01-24.

② 彭兰 . 社会化媒体：理论与实践解析 [M]. 北京：中国人民大学出版社，2015：20.

站都有微博，但因门户网站的定位差异，各微博平台也会在偏向上有不同选择。新浪微博偏重媒体功能，腾讯微博则偏重社交功能，后者与其母体拥有 QQ 的用户黏性带来的用户群体平移有关。

偏向的不同，导致不同的社会化媒体平台在传播公共事件及参与公共表达上存在差异，尤其是在话题讨论的热度上会有较明显的区别。而且，即使是同一偏向的平台，由于网民参与的热情不同，其在公共话题上的表现也会有明显差别。其一，媒体偏向的微博公共表达热度高于社交偏向的微信。其二，同是媒体偏向，论坛的公共表达热度高于博客。当然，无论社会化媒体表现出何种偏向，"社交"与"媒体"两种属性的内在关系还是清晰的：社交及社会关系是基础，而媒体功能建立在前者的基础上。

### （二）"差序化"与"平权化"差异影响公共表达的模式

差序化和平权化是指权力分配上的差别，前者强调等级差异，后者强调平等。与传统媒体和第一代网络媒体相比，社会化媒体被看成草根媒体、平民化的媒体，是通信技术和传播技术对平民的一次话语赋权。但在实际应用中，不同的社会化媒体平台由于技术逻辑导致的信息传播方式不同，在话语权分配上存在较明显的差别。例如，在博客、微博、论坛上，那些拥有比普通人更强大话语权的意见领袖，成为平台的权力中心，具有很大的舆论引导能力，明显处于差序化的上端；而在另一些平台，如 QQ、微信等即时通信平台，以及维基百科、大众点评等信息共享平台，话语权的分配与构成相对平等。

社会化媒体平台是差序格局还是平权格局，主要取决于设计平台的技术逻辑与人为的规则设定。究竟是差序化平台更有助于用户关注和讨论公共议题，还是平权化平台更能吸引用户进行公共表达，对此也很难轻易下结论。但可以肯定的是，在差序化平台上讨论公共话题，由于有意见领袖的引导，讨论会更为集中，针对性更强，但有时也更容易形成激烈的、针锋相对的争论。从使用经验和现有数据来看，微博、论坛上对公共话题讨论的激烈程度一般会比微信平台更高。

当然，上述差序化和平权化差别的存在，与平台结构的开放程度及平台用户的关系强弱也有较大关联。

### （三）用户的关系强弱及平台开放度对公共表达的影响

"强关系"与"弱关系"是由美国社会学家格兰诺维特（Mark Granorertter）最早提出来的一对概念。强关系是指联系频繁的关系，弱关系是指联系不够频繁的关系。格兰诺维特指出，强关系往往是同质群体内部的纽带，弱关系则是不同群体之间的纽带。[①] 克里斯塔基（Nicholas A. Christakis）和富勒（James H. Fowler）在《大连接：社会网络是如何形成的以及对人类现实行为的影响》一书中进一步指出：强连接引发行为，弱连接传递信息。[②] 这里的强连接、弱连接概念与格兰诺维特提出的强关系、弱关系内涵一致。

在不同的社会化媒体平台上，用户群体同样存在着强关系与弱关系的区别。一般而言，社交偏向的社会化媒体是靠强关系来维持的，如微信、QQ等即时通信平台和社交网站等；媒体偏向的社会化媒体则遵循着弱关系原理，如论坛、博客和微博平台等。这种差别带来的公共表达差异也是相对清晰的：强关系支撑的社会化媒体一般不太容易就公共话题展开深入讨论，甚至较少关注公共话题，所以参与公共表达的程度相对较低，而以寻求情感认同和维系现实人际关系为主要目的；弱关系支撑的社会化媒体则承担了更多的信息传播功能，其用户也更热衷于关注新闻和传播公共信息，更容易就公共话题形成热度不同的讨论。借用美学中"距离产生美"的论断，我们也可以说"距离产生讨论"，其本质可能是"距离产生理性"。

社会化媒体所依托人际关系的强与弱也决定了平台的开放程度。一般而言，强关系平台的开放度相对较低，因为它是基于现实世界的人际关系网络搭建的，圈子化特色鲜明，如QQ群、微信群等即时聊天平台；而弱关系平台的开放度相

---

① 彭兰. 社会化媒体：理论与实践解析 [M]. 北京：中国人民大学出版社，2015：17.

② 尼古拉斯·克里斯塔基，詹姆斯·富勒. 大连接：网络社会是如何形成的以及对人类现实行为的影响 [M]. 简学，译. 北京：中国人民大学出版社，2013：153.

对较高，陌生人进入和用户退出都相对容易，也不会有太大的心理压力，如论坛、博客和微博等。① 不同媒体平台上网民的公共表达参与度也体现了这种区别，具体情况见表4-1。

表4-1　5类主流社会化媒体平台的功能及特点比较

| 社会化媒体 | 偏向 | 人际关系 | 话语权分配 | 平台开放度 | 公共表达参与度 |
|---|---|---|---|---|---|
| 论坛 | 媒体 | 弱 | 差序化 | 开放 | 高 |
| 博客/空间 | 媒体 | 弱 | 差序化 | 开放 | 高 |
| 微博 | 媒体 | 弱 | 差序化 | 开放 | 高 |
| 微信 | 社交 | 强 | 平权化 | 略封闭 | 低 |
| QQ | 社交 | 强 | 平权化 | 封闭 | 低 |

### （四）知识分享社区成为公共表达的新力量

社会化媒体中的后起之秀如知乎、果壳、分答等网站以其专业水准成为影响和引导网民的理性力量。在学术话语中，这类网站一般被称为"知识分享社区"。广义上讲，知识分享社区也可归入论坛（社区）一类，这是从技术逻辑和表现形式的角度而言，但从用户构成及关注话题角度看，二者也存在明显差别。在"百度血友病吧事件""魏则西事件""和颐酒店女生遇袭事件"等一系列热点事件的发酵和传播中，上述平台都发挥了重要作用，呈现出一些新趋势和特点。从信息传播角度看，知识分享社区已成为社会热点事件传播的源头之一，微博、微信则广泛参与二次传播。②

在知乎、果壳等网络社群及知识问答社区中，讨论大多比较深入和专业，网民发声较为理性、思辨能力强，使它们在时政、社会类议题上的介入程度和影响范围

---

① 本书对社会化媒体平台开放程度的判断正好与彭兰教授的观点相反。彭兰教授在《社会化媒体：理论与实践解析》一书中是从"用户的交流结构"角度判断开放程度的，所以得出论坛、博客属于封闭结构的结论，这是一个更为微观层面的判断。本书则从用户进入或退出的难易程度（技术上、心理上）着眼，是一个相对中观层面的判断。参见：彭兰. 社会化媒体：理论与实践解析 [M]. 北京：中国人民大学出版社，2015：21.

② 廖灿亮. 2016年上半年网络舆情分析　网民心态渐趋冷静理性 [EB/OL]. （2016-07-06）[2018-05-01]. http://yuqing.people.com.cn/n1/2016/0706/c209043-28530486.html.

较此前明显增加和扩大。[①] 一方面，知乎、果壳等平台具有相对成熟的价值取向和思维方式，传统舆论引导方式往往难以影响它们的使用者；另一方面，这类平台强化了社群聚合的功能，成为"网络草根意见领袖"的新生渠道，平台提问者以及回答者均为普通大众，更能贴近网民的社会感受，捕捉民众的内心，从而与更广泛的阅读者产生共鸣。基于信息"圈子化"的传播特征，这类平台往往更能影响舆论走向。不论是从公共表达角度，还是从网络舆情、社会思潮角度看，因知识分享而吸引用户群体聚集的网络应用形态都是值得关注的传播平台。

## 二、社会化媒体公共表达的参与主体

社会化媒体的使用主体也就是参与公共表达的主体，即社会化媒体的用户。在 Web 1.0 时代，一般称网络使用者为"网民"。进入 Web 2.0 时代，网民的概念依然在使用，但强调网络使用者的主动性、能动性以及参与内容生产特性的"用户"概念已经确立。也有研究者用"网众"概念，并将社会化媒体上的信息传播行为区别于第一代网络的大众传播，称之为"网众传播"。[②] 随着网络技术和传播生态的变化，社会化媒体的使用主体在不断发生变化，但用户使用社会化媒体并参与各种公共表达的动机还是有迹可循的。面对不同性质的公共事件或话题，用户如何参与公共表达？最终呈现怎样的社会影响？这值得深入探究。

### （一）公共表达主体构成的变化

2008—2018 年，10 余年间中国的网民数量由 1.37 亿人上升到 8.29 亿人，网络普及率也由 10.5% 增至 59.6%（见图 4-1）。社会化媒体的发展和普及应该是其中最引人注目的现象，而社会化媒体也是对中国网络普及率提升作出最大贡献的

---

① 廖灿亮.2016 年上半年网络舆情分析 网民心态渐趋冷静理性 [EB/OL].（2016-07-06）[2018-05-01].http://yuqing.people.com.cn/n1/2016/0706/c209043-28530486.html.

② 何威.网众传播一种关于数字媒体、网络化用户和中国社会的新范式 [M].北京：清华大学出版社，2011.

一个领域。在社会化媒体阵营中，从电子邮件、QQ 到论坛和博客，再到微博和微信，10 余年来你追我赶、此起彼伏的过程也构成了中国互联网发展进程中非同寻常的篇章。社会化媒体的使用者，既是黏度最高的网民群体，也是传播信息和表达欲望最强烈、参与公共表达最多的群体。其数量的涨落，以及对于不同平台使用偏好的不断转移，也清晰地显示了社会化媒体快速发展与新旧更替的轨迹。

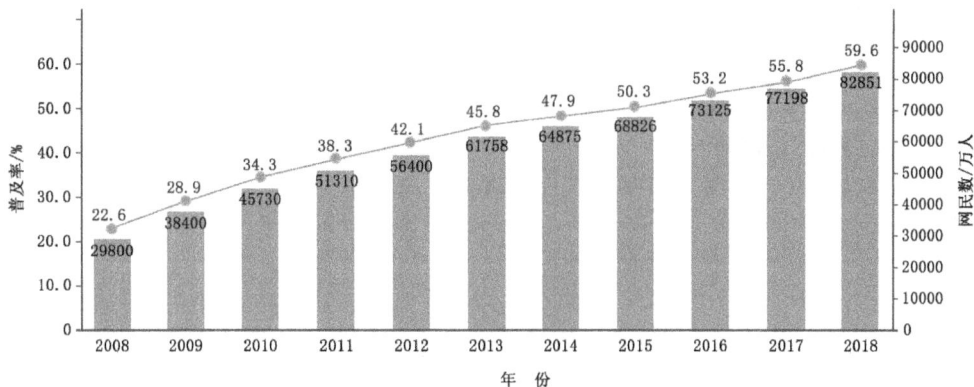

图 4-1 2008—2018 年中国网民规模和互联网普及率变化情况

资料来源：CNNIC 历年发布的《中国互联网络发展状况统计报告》。

自 2008 年以来的 10 余年，社会化媒体的用户规模及其构成情况不断变化，数量增长和代际更替是其主要特征。

1. 社会化媒体用户出现明显的代际更替，90 后渐占主流

尽管数据显示 80 后、90 后是互联网应用主体人群，然而剖析各平台变化情况后发现，95 后、00 后人群作为新生代网民，正在逐步重塑网络表达的基本形态，以论坛和博客为主阵地的 60 后、70 后正在退出舞台。[1] 根据 CNNIC 2016 年 8 月发布的《第 38 次中国互联网络发展状况统计报告》，2012—2016 年，论坛使用率

---

[1] 人民网舆情监测室 . 2016 年互联网舆情分析报告 [EB/OL]. (2017-01-15) [2018-05-01]. http：//yuqing.people.com.cn/GB/401915/408999/index.html.

已经出现连续 4 年的负增长。而新一代微博用户中，演艺界话题走俏，娱乐心态凸显。从历年互联网舆情分析报告对参与热度最高的 20 起网络舆情事件讨论的 320 万微博用户的样本分析中可发现，关注新闻热点话题的微博网民的确发生了代际更替：参与热点舆情事件讨论的微博用户年龄结构变化不大，中位数始终保持在 24 岁左右，但随着老用户的流失和大量新用户的加入，微博舆论场中网民的社会学结构有了显著的改变，表现为女性比例明显上升以及三、四线城市的用户比例猛增（见表 4-2）。[①]

表 4-2　2011—2016 年参与新闻热点话题讨论的微博用户信息统计

| 年份 | 男女性别比值 | 年龄中位数 / 岁 | 居住地占比 /% | | | | | 样本量 / 万个 |
| --- | --- | --- | --- | --- | --- | --- | --- | --- |
| | | | 一线城市 | 二线城市 | 三线城市 | 四线及以下城市 | 港澳台地区及国外 | |
| 2011 | 172.1 | 24.7 | 47.9 | 31.8 | 9.4 | 9.3 | 1.6 | 42.8 |
| 2012 | 174.4 | 23.9 | 37.1 | 36.1 | 11.2 | 13.9 | 1.6 | 40.5 |
| 2013 | 193.9 | 25.3 | 35.7 | 34.4 | 14.7 | 14.0 | 1.3 | 45.4 |
| 2014 | 100.7 | 23.3 | 28.7 | 37.5 | 14.7 | 17.8 | 1.3 | 54.8 |
| 2015 | 110.9 | 23.8 | 22.0 | 38.6 | 15.9 | 22.4 | 1.1 | 50.4 |
| 2016 | 84.0 | 24.0 | 23.1 | 38.6 | 16.2 | 21.0 | 1.0 | 85.1 |

数据来源：人民网舆情监测室 .2016 年互联网舆情分析报告 [EB/OL].（2017-01-15）[2018-05-01].http://yuqing.people.com.cn/GB/401915/408999/index.html.

微博用户的代际更替，使得新闻时政类话题的关注度有所下降。在微博平台阅读量最高的垂直领域中，"明星"明显超过"媒体"，紧随其后的 3 个领域分别是"时尚""美女""动漫"，表明微博的文娱色彩更趋浓厚。[②]与此同时，2016 年以来，明星八卦事件的现象级传播，微博平台男性高知群体的流失，原有意见领袖活跃度的下降，表明当年热捧时政新闻类的"大 V"年代已经远去。2016 年，各大网站纷纷开设网络直播平台，网络直播让普通中国人坦然面对摄像头，表现真实的另一面，但在商业机制的推动下，涉嫌低俗色情的"网红"主播、暴食恶

---

① 人民网舆情监测室 .2016 年互联网舆情分析报告 [EB/OL].（2017-01-15）[2018-05-01].http：//yuqing.people.com.cn/GB/401915/408999/index.html.

② 人民网舆情监测室 .2016 年互联网舆情分析报告 [EB/OL].（2017-01-15）[2018-05-01].http：//yuqing.people.com.cn/GB/401915/408999/index.html.

搞、未成年人表演等亚文化甚至反文化内容也有出现。①

2. 博客用户走向精英化和专业化，草根用户大量转移

早期的博客兼具自媒体属性和交互属性，是公众交流信息、展示自我的重要平台。随着社交媒体和社交网站的兴起，博客的交互属性逐渐被替代。如今博客的创作者主要是精英人群，创造的内容也趋于专业化，博客的阅读者则主要把博客当成获取信息的渠道。②

博客曾经是最好的公共表达渠道之一，也是 Web 2.0 时代早期给网民带来最多希望与幻想的所在，2010 年曾出现 64.4% 的高使用率。但在中外社会化媒体发展过程中，都先后出现过博客用户大规模向微博转移的现象。美国的情况是：随着微博的流行，大量博客用户转移到了微博平台。根据 Pewlntemet 调查公司发布的研究报告，许多年轻用户逐渐停止了博客的更新，转向 Facebook 和 Twitter。③ 研究者给出的解释是，较低的需求技术匹配和归属感导致了博客用户的流失（推力），相关网络规模和相对易用性则是微博的主要吸引力（拉力），而情感承诺、转移成本以及习惯则构成了锚定效应，影响着转移意愿。④ 中国 2011 年出现的情况同样如此：绝大部分博客在过去 120 天内没有更新，业余博客开始转向 SNS 和微博客。⑤ 不过，博客用户向微博转移应该是再正常不过的事情，因为二者在技术逻辑上最为接近，"微博不过是博客的压缩版"。⑥ 而且，140 字的限制有效解决了写作和阅读的疲劳问题，微博平台还增加了转发功能及评论的实

---

① 人民网舆情监测室.2016 年互联网舆情分析报告 [EB/OL]. (2017-01-15) [2018-05-01].http：//yuqing.people.com.cn/GB/401915/408999/index.html.

② 博客用户增长率为 24.2% 创作者多为精英人群 [EB/OL]. (2015-02-03) [2018-05-01].http：//it.people.cn/n/2015/0203/c1009-26500415.html.

③ 曹雄飞.理解博客用户向微博的转移：基于推—拉—锚定框架的视角 [D].合肥：中国科学技术大学，2014：2.

④ 曹雄飞.理解博客用户向微博的转移：基于推—拉—锚定框架的视角 [D].合肥：中国科学技术大学，2014：2.

⑤ 胡泳.从博客、SNS 到微博：向过去的回归 [J].IT 经理世界，2011（9）.

⑥ 胡泳.从博客、SNS 到微博：向过去的回归 [J].IT 经理世界，2011（9）.

时呈现功能，更方便用户就公共问题及时展开互动交流。

由于用户流失，如今博客已经变成一种小众化、思想性、专业性的个人写作与发布平台，影响力大不如前。

3. 论坛用户量下滑明显，但在公共表达上仍有影响

论坛与博客一样曾是中国网络舆论界的宠儿，在互联网发展的早期可谓撑起公共表达的半壁江山。2007 年，中国拥有 130 万个论坛，数量居全球第一。[①]2010年，论坛还拥有 1.48 亿用户，达到 32.4% 的使用率。

天涯社区的兴衰是中文论坛的一个缩影。当年全球知名的排名网站 Alexa 这样推介天涯社区：天涯社区作为中文网络社区之王，它的感性、丰富性和社会议题设置能力令人惊叹。这里自发生成了最多的草根明星，最具时代气息的天涯剧，以及最直率的话语场，令其成为传统媒体倚重的新闻源。[②] 在 2010 年鼎盛时期，天涯社区注册用户 3700 万人，日均发帖量超过 50 万条，一时号称"全民话题，天涯制造""华语圈首席网络事件聚焦平台"。[③] 但到了 2016 年底，全国大大小小的论坛用户只有 1.2 亿人，比高峰时期减少了 2800 万人，使用率下滑至16.5%。有人这样评价天涯社区以及整个中文论坛的衰落：

> BBS 的兴起，起源于文字时代。而当宽带普及之后，互联网不再是文字，上网不仅能看看新闻，发发帖子，还能购物，还能看电影，还能玩游戏……BBS 的吸引力在下降，而文字的竞争对手也出现了，这就是微博。微博虽然只有 140 字，但是它更快，更直接，门槛更低，而且它可以商业化。在 BBS 上，一篇才华横溢的文章，只会给你带来几十条评论，要赚钱得写稿出书。而在微博上，积攒到一定的粉丝数，会有公关公司、广告公司上门，发发软广硬广就能入账不菲。
>
> 而这个时代，也不是上网门槛高企的时代。上网成为大众的技能，有

---

① 祝华新，等.2007 年中国互联网舆情分析报告 [M]. 北京：社会科学文献出版社，2008：235.

② 胡蕊. 网络表达：众意与民意 [M]. 北京：北京理工大学出版社，2014：5.

③ 胡蕊. 网络表达：众意与民意 [M]. 北京：北京理工大学出版社，2014：5.

什么样的环境，就需要什么样的用户。才华横溢的文人时代过去了，段子手的时代来临了。天涯论坛不再是有影响力的中文平台，人们去微博了，而在短短几年之后，又有了微信，朋友圈的小圈子让个人更容易被关注。微博都被冲击，就更不用说BBS了。①

人民网舆情监测室发布的《2016年互联网舆情报告》直接称："70后、80后的论坛时代结束。"②当然，即使论坛整体处于衰落状态，但由于论坛用户本身就是一些热衷关注公共事件和表达欲望偏强的网民，所以即便在当下用户规模不占优势的情况下，其表达能力和舆论影响力仍然不可小视。

4. 微博用户以"三低人群"为主力军

由中国社会科学院新闻与传播研究所编撰的新媒体蓝皮书《中国新媒体发展报告（2015）》指出，"三低人群"是微博主力军。③2013年，该机构通过调查得出微博用户属"三低人群"时曾引起社会强烈反应，但两年后中国微博用户特征依然维持原样：（1）在年龄结构上，青少年占比接近8成，仍为微博用户主体；（2）在学历结构上，高中及以下学历用户占七成，整体呈现低学历特征；（3）在收入结构上，用户平均收入水平较低，月收入5000元以上的约占9.93%，5000元以下的则占90.07%。④

尽管微博仍是重要的公共表达和网络舆情平台，但不可否认的是，微博从传播内容到表达方式都明显表现出娱乐化的趋势，这证实了其用户的年轻化特点，也暗示了年轻用户使用微博的心理需求特征。据统计，粉丝数排名前100位的微

---

① 天涯没落：上比不了知乎　下比不了贴吧 [EB/OL].（2015-10-02）[2018-05-01].https：//news.mydrivers.com/1/449/449563.htm.

② 人民网舆情监测室.2016年互联网舆情分析报告 [EB/OL].（2017-01-15）[2018-05-01].http：//yuqing.people.com.cn/GB/401915/408999/index.html.

③ "新媒体蓝皮书"："三低人群"成微博主力军 [EB/OL].（2015-06-24）[2018-05-01].https：//www.chinanews.com.cn/gn/2015/06-24/7363377.shtml.

④ "新媒体蓝皮书"："三低人群"成微博主力军 [EB/OL].（2015-06-24）[2018-05-01].https：//www.chinanews.com.cn/gn/2015/06-24/7363377.shtml.

博名人（意见领袖）中，有 89 位是演艺界的影星歌星，另 11 位是像黄健翔、潘石屹、洪晃等已经高度娱乐化的各界名人。而在草根微博排名中，前 10 位则主要被"冷笑话精选""微博搞笑排行""星座秘语""时尚经典语录"等占据，从名称就可看出鲜明的娱乐特征。微博意见领袖的这种娱乐化特征，已经决定了其整体的传播生态。[①]

5. 即时通信用户分化，微信朋友圈公共表达功能凸显

CNNIC 公布的第 43 次互联网络发展报告显示，截至 2018 年底，即时通信仍有 95.6% 的使用率，用户规模达到 7.92 亿人。即时通信以腾讯旗下的两款产品 QQ 和微信为主打，但 CNNIC 每年发布两次的报告里却一直未将 QQ 和微信的用户分开统计。腾讯 2019 年初发布的《2018 微信年度数据报告》显示，截至 2018 年 9 月，微信日活跃用户为 10.8 亿人。微信平台上包含了朋友圈和公众号这两个分别对应社交属性和媒体属性的应用，QQ 平台上也含有 QQ 空间这种类似博客的媒体属性应用，所以分类统计难度较大，这也给后续的深入分析带来一些障碍。当然，正因为微信具备了朋友圈和公众号两大功能，所以其传播信息和讨论公共问题的空间明显增大，媒体属性强于 QQ。

**（二）主体参与公共表达的动机**

心理学认为，人的一切行为背后都有动机。社会化媒体的用户，从热衷表达、声名远播的意见领袖到默默无闻、以围观为乐的"潜水者"，使用社会化媒体都有相应的动机支撑。

由于社会化媒体的技术特性及对用户的赋权功能，其用户与 Web 1.0 时代的网民在信息的生产、传播和接受等环节都存在较大区别：由被动接受和极少反馈演变为主动表达和互动交流；用户的传播行为、心理状态、预期效果等也与传统网络环境下不同。所以，一些在传统媒体及第一代互联网环境下不存在或无法彰

---

① 康菊霜. 娱乐化背景下微博的舆论监督功能 [J]. 青年记者，2012（5）.

显的行为动机也逐渐显现出来。

人的行为背后的动机是复杂而多样的，具体行为与动机之间也并非简单的一一对应关系，有时一个（或者一连串）行为背后可能隐藏着多个动机。总体而言，社会化媒体用户参与公共表达的动机可以分为三个层面：自我表现、社会互动和社会报偿。①

### 1. 自我表现

美国社会学家戈夫曼（Erving Goffman）在《日常生活中的自我呈现》一书中提出了著名的拟剧理论（又称戏剧理论）。这个理论关注的是日常生活中人们如何运用符号预先设计或展示在他人面前的形象，即如何利用符号进行表演。其核心观点包括：（1）人生是一场表演，社会是一个舞台；（2）表演分两种，一种是不知道自己在表演，即不自觉的表演，另一种是知道自己在表演，即自觉的表演；（3）人际传播的过程就是人们表演"自我"的过程，但这个"自我"并非真实的自我，而是经符号乔装打扮了的"自我"。戈夫曼认为，人们表演的区域有前台和后台之分。前台是人们正在进行表演的地方，后台则是为前台表演做准备的、不想让观众看到的地方。人们在前台的行为举止与后台不一样。一般说来，应防止观众进入后台，而且，在前台也必须防止那些与演出无关者进入表演。②拟剧理论是一种符合人们日常生活中观察和体验的人际传播情景论，渗透于人际交往的方方面面。正如莎士比亚在《皆大欢喜》中所述："整个世界是一个舞台，所有男女不过是这舞台上的演员，他们各有自己的活动场所，一个人在其一生中要扮演很多角色。"

拟剧理论的实质是"印象管理"，这也是戈夫曼提出的一个概念，指在他人心目中塑造一个理想形象的策略。在社会化媒体平台，我们可以看到人们更多的私人化信息，在某种意义上，这些本该是属于后台的内容，如今却被自觉主动地端了出来。但人们并不是在所有场合都表现出自己的后台行为，面对什么样的

---

① 彭兰. 社会化媒体：理论与实践解析 [M]. 北京：中国人民大学出版社，2017：72.

② 欧文·戈夫曼. 日常生活中的自我呈现 [M]. 冯钢，译. 北京：北京大学出版社，2008：19-25.

人表现什么样的后台行为，实际上也是经过选择的。这就是一种表演或印象管理策略。

自我表现主要包括自我表达（个性、思想、能力等）、自我形象管理、自我情绪调节三个方面，它们相互关联，但个体在不同情况下的诉求重点会有不同。如果把握不当，可能会顾此失彼。例如，为了调节情绪而表现出过激的言行，虽然解了一时之气，但可能会毁坏自己努力经营的形象。当然，如果运用得当，人们可以在社会化媒体中塑造出更符合自己期待的形象。

在社交偏向的社会化媒体，如 QQ、微信（朋友圈）、SNS 中，用户一般是处在熟人较多的人际圈子，实名的情况也较为常见，人们通过日常言论和行为的自我表现来进行印象管理是可以直接感知的。在媒体偏向的社会化媒体，如论坛、博客、微博、知识分享社区中，用户关注与个体无直接关联的社会公共事件，或传播信息、表达观点时，同样也在自觉或不自觉地进行自我表现，并完成非熟人圈里的印象管理，尽管这类行为与印象管理的关联看起来没那么直接。

以博客为例，博客用户的个人书写行为被概括为"很多有表达欲望的白领人士、行业精英和大学生群体在博客中连载自己的小说，晒旅游日记，记录自己的创业历程，书写对社会时事的见解，撰写影评书评，以及将博客作为一种'个人历史'来记录"[①]。这种行为显然具备了自我表现甚至表演的成分。新浪曾对其博客平台上的用户做过人口学统计分析，结论是，新浪博客用户"比较成熟，学历较高，上班族和高校学生是主体，每月可支配收入中等偏上，消费能力较强"[②]。这样的群体，更注重通过良好表现来进行印象管理。这也很好理解：形象是社会名片，因而成为社会资本的一部分。

2. 社会互动

社会互动是人与人、个人与群体、团体与团体之间为了满足某种需要而进行

---

① 于兴乐. 从博客的演进看新媒体的未来 [J]. 中国记者，2012（3）.

② 《中国博客白皮书》摘要：新浪博客用户特征分析 [EB/OL]. （2010-09-07）[2018-05-01]. http：//blog.sina.com.cn/lm/8/2010/0907/158735.html.

的交互作用和相互影响的活动。[①] 社会互动是一种动态关系，首先是交往者双方交流感情与信息的过程，如男女之间的恋爱也是一种社会互动。其次，社会互动是一个相互作用的过程，交往双方能够相互影响。社会互动是维系和发展个人社会关系的基础。

社会化媒体中的社会互动一般通过社会分享、社会交往、社会参与等不同形式表现出来，它们是用户实现自我表现动机的一种外在形式。

社会分享主要是信息层面的互动。如：用户在 QQ 空间和微信朋友圈晒个人状态，或者转发自己感兴趣的文章；用户在博客、论坛、微博上曝光或转发一条可能引起关注的新闻，或者为正在传播的热点新闻增加一些有助于说明真相的细节。

社会交往主要是精神层面的互动。人们通过社会化媒体，表达情感，维系人际关系。另外，人们在论坛、博客和微博上围绕一个社会热点话题各抒己见，也是精神层面的互动。从这些公共表达中，我们甚至可以分辨出不同用户秉持的"三观"（世界观、人生观、价值观）差异。

社会参与则是行为层面的互动。社会参与是指社会成员以某种方式参与、干预、介入国家政治生活、经济生活、社会生活、文化生活和社区的公共事务，从而影响社会发展。这里的参与既可以是线下的实际行动，也可以是线上的语言表达。根据言语行为理论，人们说话的同时也是在实施某种行为。[②] 所以，社会化媒体用户在论坛和微博上就热点问题慷慨陈词，在博客和知识分享社区上就公共议题撰写洋洋洒洒的文章，这与网络签名、线下抵制等一样，都是社会参与行为。在许多热点网络事件中，社会化媒体成为重要的舆论集散地和社会动员行为的发动机，在此过程中，社会化媒体用户的线上线下行为往往能实现联动，成为一个行为整体。如"反对日本入常签名活动"（2005 年）、"华南虎事件"（2007年）、"厦门 PX 项目事件"（2007 年）、"抵制家乐福事件"（2008 年）、"躲猫猫事件"（2009 年）、"药家鑫事件"（2010 年）、"昆明 PX 项目事件"（2013 年）、"桂林狗肉节事件"（2014 年）、"南京宝马撞人案"（2015 年）、"江苏湖北高考

---

① 谭明方. 社会原理 [M]. 北京：北京大学出版社，2016：137.
② 苏福星. 基于言语行为理论解读《傲慢与偏见》中的反讽艺术 [J]. 语文建设，2016（3）.

减招风波"（2016 年）、"校园毒跑道事件"（2016 年）等，都是通过社会化媒体的信息传播与讨论，在网络上完成了组织动员过程，继而产生线下的群体实际行动，并对事件进程产生影响。

一般而言，社会分享和社会交往多在个体间进行，而社会参与依赖于群体的聚集与互动。

### 3. 社会报偿

社会报偿是指个体行为获得社会的正面回馈，它既可是以精神层面的，也可是物质层面的；有时是直接的，有时是间接的。对于社会化媒体用户而言，运用社会化媒体从事信息传播、话题互动等公共表达行为，可能持有两个主要的正面期待，一是获得社会归属感，二是积累社会资本。

社会归属是人作为社会性动物的基本心理需求之一，社会归属与社会认同密切相关。按照马斯诺的需求层次理论，它属于人的安全需求的一个方面。在社会化媒体使用中，有两种主要的方式是用户获得社会归属感最多也是最为直接的：一是加入成员与特质较为稳定的社群（如早期的西祠胡同，天涯社区中的关天茶舍、天涯杂谈，如今的知乎等）；二是持续关注某些特定话题，并参与讨论。

持续关注特定话题并参与讨论可以获得社会归属感，这一点可以从麦库姆斯（Maxwell McCombs）和唐纳德·肖（Donald Shaw）提出的议题融合（agenda melding）理论中得到解释。这个理论意在说明，议题设置具有一种聚集社会群体的功能，这是源于人们都有群体归属需要。[①]通俗地讲，当某个社群一段时间里设置了特定议题，并以讨论该议题为主要活动，个体关注并加入该议题的讨论，就会产生成为该社群成员的归属感。这个理论表明，社会化媒体中传播的内容与用户彼此的社会关系之间存在某种看似不直接，实则很微妙的关系。

社会化媒体的使用，还与用户的社会资本需求有关。社会资本概念来源于社会学，是指个体或团体之间的关联——社会网络、互惠性规范和由此产生的信

---

① 彭兰. 社会化媒体：理论与实践解析 [M]. 北京：中国人民大学出版社，2017：74.

任，是人们在社会结构中所处的位置给他们带来的资源。[①] 这里的社会结构可以理解为个体所处的社会关系网络。而用户对社会化媒体的使用，正是对其原有社会关系网络的维护与拓展，以个人信息和公共信息传播为纽带，将现实世界中小型的人际关系圈拓展到涵盖大量陌生人的关系网络，从而获得信息、情感、知名度、荣誉感甚至金钱回报（广告），以及实现个人形象建构。这些回报都有赖于社会资本的积累与增值。

近年来，微博意见领袖的号召力有所下降，但微信公众号又培养了一大批表达欲望强、写作能力强、有市场眼光的运营者。而且，在实名制的配合下，长期、稳定地生产原创内容也能积累很好的信任感，这也使社会化媒体用户对于社会资本的投入和回报产生更稳定的预期，进而促使他们更加灵活地开发与利用社会化媒体的各种功能。

## 三、社会化媒体公共表达的议题

如本书的第二章给出的定义，公共表达是指公民个体对社会公共事务公开发表看法、意见并进行交流和辩论的行为。这里的公共事务在现实社会生活中通常表现为一个个具体的事件，而在社会化媒体的信息传播中则呈现为一个个或独立或相关的议题。事件与议题有时是一一对应的，但也存在一个事件衍生出多个议题的情况。以崔永元和方舟子之间的"转基因大战"为例，由于该争论持续时间久、问题复杂、参与者众多，从 2015 年 3 月到年底，除了"应该赞成还是否定（或怀疑）转基因食品"这个核心议题外，其间又产生出了其他一些相关议题，如"黄金大米的安全性问题""非专业人士是否有资格质疑转基因问题""是否应该废除特供食品问题"等。本节所讨论的议题是以事件为依托，一般情况下，为方便讨论，我们只考察所选事件引发的核心议题，即直接指向事件关键矛盾的议题。

---

① 林南. 社会资本：关于社会结构与行动的理论 [M]. 张磊，译. 上海：上海人民出版社，2005：59.

10余年来，随着网络普及率逐年上升，加之社会化媒体应用和智能手机的普及，社会化媒体的议题设置能力已超出其他所有媒体形态，成为当之无愧的思潮集散地和舆情发动机。人们通常所说的网络舆论其实主要是社会化媒体上意见汇集的代名词。没有论坛、博客、微博、微信等媒体平台上广大用户对社会热点问题的关注、讨论、谴责和声援，就不存在网络舆论。所以说，在当前信息传播生态下，社会化媒体关注的热点议题，也必然是当下社会中热议的话题，社会化媒体一方面在反映社会热点，另一方面也在为公众设置议程。

换个角度解释，由于社会化媒体强大的传播功能和提供互动交流的便利，网民将现实世界中的热点事件和话题很自然地带入社会化媒体这个场域。传播学中的议程设置理论在发展过程中也认可上述两种解释逻辑同时存在，或者说，谁为谁提供并设置议程，有时就是"鸡生蛋还是蛋生鸡"的问题，很难有板上钉钉的结论。但有一点可以肯定，社会化媒体上的热点议题与社会现实中的热点存在较高的对应关系。正是站在这个基点上，我们也可以说，在特定时间里，人们所关注和讨论的热点议题与他们的生存状态及心理状态有关。

本节试图从静态和动态两种视角来分析2013—2016年社会化媒体呈现公共表达的热点议题及其分布情况。静态分析侧重于横向比较，即观察同一时段（2016年）不同平台的议题分布，可以看到不同平台公共性的差别；动态分析侧重于纵向比较，即观察一个或多个平台同一时段（2013—2015年）的议题构成及其变化轨迹，以此管窥中国网民群体关注社会的状态与视角。这也可以让我们从一个侧面看到社会化媒体对于生活在一个特定时代中的个体或群体的影响。"媒介即讯息"，媒介既是特定时代物质技术水平的反映，同时也跟这个时代中的人们的生活发生丰富而复杂的互动，并产生许多微妙的、难以名状的影响。

当然，在上述习惯性和总体性描述的遮蔽下，有两个问题一直被观察者和研究者有意无意地忽视与回避，即：网络舆论能代表社会舆论吗？网络上重点关注的问题果真就是社会热点，或者说指向了社会需要面对的真问题吗？答案有时是肯定的，有时却又没那么确切。对于类似质疑，要给一个总体的、令人满意的回答实在很难。因为在社会化媒体群落中，博客、论坛、微博、微信各有不同，其诞生时间有先后，且分别由不同的技术逻辑支撑，这些技术逻辑又决定了不同的信息传播方式，最后导致了用户构成的差异。如微博的用户群体较之博客和论坛用户明显更年轻，那么两类平台用户关注的事件和议题就应该存在区别，在网络舆论中的影响面也会有所不同。这才是问题的真实面相。本书的看法是，即使网络舆论不能完全代表社会舆论，也肯定是社会舆论的重要组成部分，并对社会舆论产生影响。在当前的信息传播环境下，这种影响不可小视，否则就无法解释管理层何以对网络舆论及网络治理日益重视。

基于上述理解，我们讨论社会化媒体的议题分布与变化才有价值。

### （一）2016 年社会化媒体平台上的热点议题呈现

论坛、博客、微博和微信（公众号）四类平台是当前网民赖以参与公共表达的主要阵地。但从统计热点议题的角度看，获取微信真实信息十分困难，只能放弃。这是因为腾讯对于公众号上的热门文章，超过 10 万人次的阅读数统一标为"10 万 +"，其回复内容也是经过后台筛选后呈现，客观性和完整性都不足。为了方便抓取和统计，笔者选择论坛、博客和微博三类平台，并且在三类中各选了最具代表性的一家作为样本来源：天涯社区、新浪博客、新浪微博。从当前的平台影响力和用户数量分布来看，这三家应该具备较强的代表性和说服力。

仅分析 2016 年的情况，原因之一是笔者试图呈现不同平台是否会侧重不同议题。这个问题显然是有意义的，其答案也能回应上文提出的疑问。原因之二是网络管控的持续存在且逐渐趋紧，要获得几大平台连续几年的真实数据十分不易。如果不依靠平台运营方提供后台数据，或者借助有较强信息抓取能力的第三方及时抓取数据（需要预先谋划），研究者很难在事隔一年之后收集到客观、真实的热点议题讨论情况。

同时需要说明的是，"热点"的判断标准，是采用目前业界及学术界分析和评价社会化媒体时通用的阅读量（有时称点击量）和回复量（有时也称评论量）两大指标。但对于不同媒体，则有所区别。如微博因为是后台自动推送，阅读量没有实质意义也无法统计，所以笔者以转发量为标准。对于论坛，本来可以将阅读量作为标准，但论坛的阅读量有很混乱的造假现象①，所以笔者选取了回复量。当然，阅读量造假不仅限于论坛，在商业利益的驱使下，社会化媒体平台都很难幸免。② 所以，经过权衡，笔者将统计指标统一为回复量和转发量，但也列出阅读量作为参考值。客观而言，系统性的回复造假因为受到成本制约，相对困难得多。

笔者依靠网络舆情研究机构"中青华云新媒体科技有限公司"的帮助，抽取了天涯社区、新浪博客、新浪微博 2016 年度热门话题（论坛和博客均以回复量排序，微博以转发量排序）中排在前 30 名（Top 30）的话题，以此为样本来呈现和分析三类社会化媒体平台公共表达中的议题分布情况。

对于议题的性质，本书参考相关研究成果，分为公共事务议题（也称公共议题，涵盖社会矛盾、公共管理、公共安全、吏治反腐、商业财经、涉外涉军、社会公益、婚恋情感等 8 个小类）、文体娱乐议题、个人议题、其他非公共议题等 4 个大类。

需要特别说明的是，本书讨论的公共议题是指具有群众性与普遍性的公共问题，即关系到较为广泛的群众利益的话题，这类问题往往能引起热议。显然，判断"公共"与否并非只看关注人数多少，热点议题关注的人数再多，如与公共利益无关，未引起广泛讨论，就不能算是公共议题。当然，热点议题虽然未必是公共议题，但有时比较容易转化为公共议题。

根据上述议题分类标准，我们对天涯社区 2016 年 Top 30 热帖、新浪博客 Top 30 热门博文和新浪微博 Top 30 热门帖文分别归类，见表 4-3、表 4-4、表 4-5。

---

① 杨文杰. 从收视率造假到点击率造假 [N]. 北京青年报，2016-07-20.

② 央视曝自媒体数据造假：10 万 + 公众号阅读量仅需 1200 元 [EB/OL]. （2016-11-06）[2018-05-01]. http://finance.sina.com.cn/consume/puguangtai/2016-11-06/doc-ifxxneua4225916.shtml.

表 4-3　天涯社区 2016 年热门议题 Top 30 的分布情况

| 序号 | 议题类型 | 议题数量 /个 | 占比 /% |
|---|---|---|---|
| 1 | 公共事务议题 | 22 | 73 |
| 1-1 | 社会矛盾类 | 7 | |
| 1-2 | 公共管理类（教育医疗） | 6 | |
| 1-3 | 公共安全类 | 2 | |
| 1-4 | 商业财经类 | 5 | |
| 1-5 | 涉外涉军类 | 1 | |
| 1-6 | 社会公益类 | 1 | |
| 2 | 文体娱乐议题 | 4 | 13 |
| 3 | 个人议题（个人经历、闲聊等） | 3 | 10 |
| 4 | 其他非公共议题（文史知识类） | 1 | 3 |

表 4-4　新浪博客 2016 年热门博文 Top 30 关注议题的分布情况

| 序号 | 议题类型 | 议题数量 /个 | 占比 /% |
|---|---|---|---|
| 1 | 公共事务议题 | 24 | 80 |
| 1-1 | 社会矛盾类 | 6 | |
| 1-2 | 公共管理类（教育医疗） | 8 | |
| 1-3 | 公共安全类 | 1 | |
| 1-4 | 商业财经类 | 4 | |
| 1-5 | 涉外涉军类 | 3 | |
| 1-6 | 婚恋情感类 | 2 | |
| 2 | 文体娱乐议题 | 2 | 7 |
| 3 | 个人议题（个人经历、闲聊等） | 3 | 10 |
| 4 | 其他非公共议题（文史知识类） | 1 | 3 |

表 4-5　新浪微博 2016 年热门博文 Top 30 关注议题的分布情况

| 序号 | 议题类型 | 议题数量 /个 | 占比 /% |
|---|---|---|---|
| 1 | 公共事务议题 | 5 | 17 |
| 1-1 | 公共管理类（教育医疗） | 1 | |
| 1-2 | 公共安全类 | 1 | |
| 1-3 | 涉外涉军类 | 3 | |
| 2 | 文体娱乐议题 | 10 | 33 |
| 3 | 个人议题（个人经历、闲聊等） | 12 | 40 |
| 4 | 其他非公共议题（商业广告类） | 3 | 10 |

需要说明的是，表4-5中的第三类即个人议题中的12篇博文，有11篇属于年轻的娱乐明星展示个人经历、描述个人当下状态与心情、评点体育赛事等相关内容，带有维系粉丝关系的公关意味，其中仅TFBOYS三人组发的类似博文就占了6篇，但转发量从40万人次到100万人次不等，评论数一般都有20万～30万人次。微博主流用户的年轻化、娱乐化和关注主题的非公共性可见一斑。

另外，表4-5的第四类即商业广告类议题中的3条广告，与传统媒体的广告表达形态不同，分别由小米手机、电视剧《恋人的谎言》制作团队、王尼玛[①]等机构和个人发出。

同一时间段的横向比较很容易看出不同平台上议题的容纳和分布情况。综合3张表格的数据，2016年度天涯社区、新浪博客、新浪微博各自呈现的30个热门话题中，天涯社区的公共议题占73%，新浪博客为80%，新浪微博为17%。这组数据也基本反映了博客、论坛和微博3类平台的用户对社会公共事务的关注度，也说明了3类平台公共性水平的差异：论坛和博客的公共性明显高于微博，而前两者水平相当。这个结论也与人们日常的使用经验及观察相吻合。平台公共性的差异，既有技术逻辑的原因，也有用户构成的原因，还有外在力量干预和管控形成的导向作用的影响。

当然，公共议题占比只是事物的一个方面，用户的使用量有时更具决定意义。即便博客仍是最具公共性的媒体，但用户规模的萎缩限制了其影响力；而微博尽管公共性较差，大多数青少年微博用户只是满足于浅薄的追星和娱乐需求，但一旦发生热点事件，因为用户规模大，其也能掀起巨大的风浪，这就是广场效应[②]的直接体现。"人多力量大"在新媒体时代得以生动体现。

### （二）2013—2015年新浪微博热点话题的变迁情况

下文将要分析的新浪微博三年（2013—2015年）的热点议题（Top 30）直接

---

① 《暴走漫画》官方主编，《暴走大事件》主持人，90后。

② 广场效应：一种群众心理，即在人群聚集的公开场合，人们往往会表现出与日常生活大相径庭甚至完全相反的言行，这种心理多数时候使群众的群体道德水平比个人道德水平更低。

来源于新浪微博官方公布的年度综合报告。在网上可公开检索和下载的上述报告中，2013—2014 年，新浪微博是按热议度来排序的，2015 年是按阅读量排序的（该数据只有新浪微博官方掌握，第三方通过数据抓取无法获得）（见表 4-6）。

在 3 份年度报告中，新浪微博提供的热点话题不是一个个事件，而是一组高度概括的关键词，每个关键词都指向一个整体性事件，或者一类现象。这些关键词有时比较确切地说明了议题（如"雾霾"），有时则较为含混（如"中国好声音"）。当然，从不太精确的角度来看，这些关键词已经足以说明微博的庞大用户群当年的主要注意力指向了。

表 4-6　新浪微博 2013—2015 年热点话题构成

| 年度 | 热点议题 |
| --- | --- |
| 2013 | 土豪、双十一、雅安地震、中国好声音、爸爸去哪儿、小时代、辣妈正传、春晚、屌丝、我是歌手、致青春、快乐男声、薛蛮子嫖娼、李天一强奸、禽流感、兰陵王、国足、小爸爸、中国梦之声、雾霾 |
| 2014 | 世界杯、春晚、雾霾、爸爸去哪儿、来自星星的你、iPhone6、中国好声音、我是歌手、马航、春运、杨幂结婚生子、古剑奇谭、爱情公寓、微博上市、舌尖上的中国、周一见、冰桶挑战、NBA、冬奥会、亚运会、APEC、欧冠、花儿与少年、柯震东吸毒、步步惊情、鲁甸地震、奔跑吧兄弟、青奥会、东莞扫黄、小冰 |
| 2015 | 我是歌手、奔跑吧兄弟、爸爸去哪儿、花千骨、最强大脑、电视剧可以笙箫默、2015 亚洲杯、中国好声音、快乐大本营、国足再启航、花儿与少年、琅琊榜、极限挑战、全员加速中、湖南卫视跨年、亚洲新歌榜、偶像来了、我们相爱吧、武媚娘传奇、爸爸回来了 |

注：2013 年、2015 年的报告中只有热点话题的前 20 位；表格中的议题顺序即热点排序。

资料来源：2013 年度微博热门话题盘点 [EB/OL].[2018-05-01].http://wenku.it168.com/d_001336685.shtml；2014 年微博话题年终盘点 [EB/OL].[2018-05-01].http://data.weibo.com/report/reportDetail?id=214；2015 年微博热门话题盘点（年度）[EB/OL].[2018-05-01].http://www.useit.com.cn/thread-11464-1-1.html.

对 2013—2015 年的热点议题榜单作进一步的分析，根据前文给出的公共议题判断标准，将表 4-6 中的热点议题进一步区分为公共议题和非公共议题[①]，结

---

① 事实上，只根据一个概括性的关键词来判断议题的公共性水平是有难度的，因为我们无法看到这个关键词背后丰富的具体事件以及具体讨论情况，所以这里也只能根据每年引起过网络热议的事件与这些关键词进行比对的方式来确定，这在不同人看来有一定的主观性和出入也是难免的。

果如表 4-7 所示。

表 4-7　新浪微博 2013—2015 年热点议题中的公共议题分布

| 年度 | 热点议题数 / 个 | 公共议题数 / 个 | 公共议题占比 /% |
|---|---|---|---|
| 2013 | 20 | 12 | 60 |
| 2014 | 30 | 14 | 47 |
| 2015 | 20 | 2 | 20 |

纵向考察不同的社会化媒体呈现的热点议题，就能发现公共议题比重降低的趋势。胡蕊曾深入考察 2005—2009 年天涯杂谈的热点话题构成，得出了"公共话题在减少"的结论。[①] 但从她展示的统计数据来看，减少的速率并不大，即由 2005 年的 81.5% 下降到 2009 年的 74%。这也说明天涯杂谈这一平台本身的公共性较强，即使经过"邓玉娇案"中管理层的管控[②]，用户对公共议题的关注度仍然较高。但表 4-7 呈现的新浪微博 2013—2015 年度公共议题占比情况，其降幅不可谓不大。虽然 Top 20 和 Top 30 这样的样本选择方式有一定的局限性，但居于前列的热点本身也有较强的代表性。公共议题占比由 2013 年的 60% 下滑到 2014 年的 47%，再到 2015 年的 20%，再次说明微博平台的公共性并不像一般观察者想象的那样乐观。微博用户日趋年轻化的现实，以及其技术逻辑导致的"广场"特征，已经决定了它不可能是一个理想的公共表达平台。

## 小　结

本章从公共表达呈现的主要平台、参与公共表达的主体、公共表达的主要议题三个方面来讨论和分析社会化媒体公共表达的主要构成要素。本章篇幅虽然不

---

① 胡蕊. 网络表达：民意与众意 [M]. 北京：北京理工大学出版社，2014：145-146.

② 胡蕊. 网络表达：民意与众意 [M]. 北京：北京理工大学出版社，2014：145-146. 胡蕊认为，2009 年，网络论坛的公共空间走到了转型的路口。

长，但在整个研究中起着重要的过渡性作用，即从理论工具介绍和研究对象分析过渡到具体问题研究。而且，这一章在分析三大构成要素的同时，大体展示了社会化媒体平台公共表达的概貌：主流平台类型及各自的偏向、主流人群构成及其特点、公共表达关注的主要议题。

微博、微信和论坛是当前公共表达所依托的主要平台。本章意在说明，不同的社会化媒体平台之间由技术逻辑和公众使用偏好带来的"社交"和"媒体"两种偏向、"差序"和"平权"的话语格局、用户的关系强弱等，都会影响公共表达的状态与效果。

当前参与公共表达的主体在代际更替中显示出年轻化趋势，尤其是微博与微信两大平台的用户；而十多年前的主流公共表达平台博客的用户规模萎缩明显，且日趋精英化；论坛的用户数也明显下滑，导致其在公共表达上的影响力大不如前。

在公共表达的议题构成上，笔者考察了天涯社区、新浪博客和新浪微博2013—2016年热门议题的构成情况。通过横向及纵向比较，本章的结论是：（1）在公共议题占热门话题的比例上，博客高于论坛，且显著地高于微博。（2）微博尽管仍有很大的用户规模与较高的活跃度，但其关注议题的公共性在明显减弱，公共议题占比呈逐年下降态势，且热门议题的娱乐化特征日益明显。这也可以看作社会化媒体平台公共表达存在的问题，其背后有政府管控的因素在起作用，但也是微博使用主体年轻化、草根化的必然结果。

第五章

# 社会化媒体公共表达的特点与价值倾向

"媒介即讯息"这个论断一方面说明不同媒介本身就拥有鲜明的特征，是不同科技条件和时代文明的结果和体现；另一方面，不同时代、不同介质、不同技术逻辑支配的媒介，同样也要求一定的信息呈现方式与它相适应。社会化媒体既是对传统人际传播的回归，又极大地释放了人的信息生产与传播需求，并且将人际交往和信息传播两种功能有效且有机地结合起来。社会化媒体的"用户生产内容"特质成了一道分水岭，把过往与当下社会主流媒介的传播方式鲜明地区分开来。正是基于此，网民的传播行为、表达方式都有了极大的改变。尽管这种改变利弊并存，也让人喜忧参半。

## 一、社会化媒体公共表达的特点

### （一）语言的随意性和个性化

当看到"斑竹""大虾""灌水""拍砖""MM""恐龙""5201314""886""神马都是浮云""厉害了word哥"等词汇、符号和短语时，现在的我们已经不再感觉陌生和神秘。我们的头脑里还会迅速冒出一个标签——"网络语言"。是的，人们已经习惯了用"网络语言"来指称网络上出现的形形色色的新式表达。其实，这是对网络语言的狭义理解，广义的网络语言还应该涵盖网络上使用的一切语言，包括正式的媒体语言和当作技术工具使用的计算机编程语言。当然，人文社科领域研究的网络语言一般是指前者，即狭义的网络语言。本书也是从狭义上使用这一概念。

但这里需要特别指出的是，普通人谈论网络语言和众多研究者分析网络语言时都容易忽视一个重要的事实：网络语言诞生和使用所依托的场域并非宽泛到无所不包的网络，而主要是网络中的社会化媒体。换句话说，是社会化媒体孕育并滋生了一种新的语言形态，却让网络这个大而无当的概念夺去了命名的荣耀。

上述判断可以从一些研究者对网络语言所作的界定中得到证实。如，一位研究者指出，网络语言指的是网上某些交际情景如 QQ 聊天、BBS、论坛中使用的一些特殊词语、字母组合、数字组合等。① 还有人认为：从狭义上来说，网络语言主要是指用于网上社区（如网络论坛、网上聊天室、网络游戏、OICQ、MSN等）交际时使用的别具风格的语言。② 上述不同定义中所列举的场所（或情境），如 QQ 聊天、BBS、论坛、MSN、网络游戏（指游戏中的玩家交流场所）等，都有一个共同的指向——社会化媒体。当然，这还不是社会化媒体的全部，其实早期的博客和当下使用甚广的微博、微信及交友网站，也是网络语言的主要栖息地。即便如此，本书也不打算在命名问题上过多纠缠，厘清"名"与"实"的目的达到，就此打住。而且，本书接下来的叙述与论证中将继续使用网络语言这一概念，因为前文已指出过，约定俗成胜过追根溯源或逻辑拷问。

网络语言作为社会化媒体中"用户生产内容"的结果，在诞生之初就具备了某种反抗、颠覆、否定、恶搞的后现代意味。所以有研究者认为：网络语言的意义一开始就面临"是"和"应该是"的冲突，简单地说，就是现代与后现代的冲突。③ 如："7456，TMD！怎么大虾、菜鸟一块到我的烘焙鸡上乱灌水？94 酱紫，待会儿再打铁。886！"④ 这是一句具有鲜明网络语言特征的表达，它混合了汉字，非汉字符号、数字和一些比喻性的代称，意为："气死我了，他妈的！怎么超级网虫和新手一块儿到我的个人主页上留言？就是这样子，待会儿来贴帖子，拜拜了！"这种表达方式明显颠覆了汉语的规则。

迄今为止，网民创造的网络语言表达方式大体可分为四类：一是符号化。有

① 李晓琳．后现代主义与网络语言 [J]．语言建设，2011（12）．

② 陈光明．从网络语言缩略语看网络语言的后现代特征 [J]．广东外语外贸大学学报，2008（3）．

③ 刘绪义，钱宗武．网络语言：现代与后现代的冲突 [J]．徐州师范大学学报，2005（3）．

④ 新流星搜剑录贴文 [EB/OL]．[2018-05-01]．http://tieba.baidu.com/p/2234718403.

时是汉语拼音的简化，如"PMP"指"拍马屁"；也有对英语词汇的借用或缩略，如"OMG"指"惊讶"（oh my god!）；还有标点符号组合出来的表达，如">_<"表示"不高兴"、"^o^"表示"欢呼"。二是数字化。数字用法是根据谐音原则创造的表达，如"520"指"我爱你"、"555"指"呜呜地哭"。有时还使用数字的引申义，如"286"指"痴呆笨拙"，即脑子像运行速度最慢的286型电脑一样不灵活。三是口语化。口语化一方面是指网络语言虽然是用于网络文字交流，但很多时候不遵从汉语书面表达的语法规范和习惯，甚至经常是口头语的直接呈现，如"我嘞个去""他似乎没有睡醒的说"等；另一方面是指网络语言中的符号化与数字谐音化的表达往往需要配合口语"念出来"才能理解，如"94酱紫"。四是谐音和简化。近些年网络上出现了一批很流行的简化词和缩略用语，如"喜大普奔""不明觉厉""累觉不爱"等。

## （二）语言的鄙俗化与暴力倾向

鄙俗化与网络暴力现象不只出现在社会化媒体的信息传播中，而是整个网络传播的通病，甚至可以说是急速转型时期社会整体失范在信息传播上的体现。社会化媒体特殊的内容生产机制（"用户生产内容"）和把关环节的松动，加上对即时、快速互动交流的追求，导致这些平台上的信息传播更容易，也更大量地存在鄙俗化和语言暴力现象。

网络语言作为网民交流中彼此心照不宣的"暗号"和互相认同的符码，其内容和表达方式一般都贴近现实生活，并反映社会热点，如"俯卧撑""欺实马（七十码）""被嫖娼"等。但恰恰因为跟现实生活和热点距离太近，加上创造主体的草根特点，网络语言常常表现出较明显的低俗特征，甚至有大量在规范汉语表达中不曾有过的污言秽语被广泛传播和使用。例如：日常生活中口语化的脏话经由网民的符号化再创造后，在网络上广泛传播；把粗口表达用计算机使用的特定输入法进行象形化呈现；英文词语的中文谐音化或方言表达的文字化。此外，网民自我矮化、讽刺挖苦式的表达近年也屡见不鲜，同样表现出粗鄙的味道，如

"矮穷矬""傻白甜"等。

鄙俗化主要表现在日常网络语言表达上。但在语言鄙俗之外，更值得深究的是观念的鄙俗，或者说语言鄙俗有时就是观念鄙俗的反映和外化。在反抗权威与主流话语的宏大叙事之外，确有许多鄙俗化的内容散落在社会化媒体的各个角落，如宣扬色情、鼓吹迷信、强塞垃圾广告、表现粗俗的功利主义和犬儒主义等等，都随处可见。这一方面说明了社会化媒体用户价值观的多元化；另一方面还揭示了一个事实：社会化媒体上网民的自由创造已然不再纯粹和个性化，各种心怀叵测的商业势力和其他力量利用网络内容生产机制的便利，也已快速渗透进了这一领域。

从网络低俗语言的传播和使用看，一些网络低俗语言进一步成为暴力实施的工具，更有一些则在网络语境中由"詈骂"功能转向低俗粗鄙的戏谑功能。其中，低俗语言暴力的社会危害性最为突出。无论打开贴吧还是微博，在时事热点的网民评论中，随处可见侮辱性词语，这些评论并未对事实或道理进行辩驳，也不以逻辑为基础，而可以看作部分网民将自己的现实压力、生活不满转为恶意中伤，并在互联网的虚拟空间中暴虐释放。[1]

网络暴力主要是一种语言暴力，社会化媒体在很多时候成为其产生和传播的温床。而且，网络上的语言暴力还有跟现实世界的暴力对接的趋势。如十几年前已引起广泛关注的"人肉搜索"现象和几年前才进入大众视野的"网络约架""微博约架"，都是通过社会化媒体发起、传播并最终实现落地的。有网上分析文章直接称"网络约架"是"暴民行为"和"流氓习气"的表现。[2]

## （三）表达方式的恶搞与娱乐化

社会化媒体是网络恶搞文化的主阵地。"恶搞"一词来源于日文的 KUSO，原

---

① 人民网舆情监测室. 2015 年网络语象报告 [EB/OL]. [2018-05-01]. http：//mini. eastday. com/mobile/160326224519655. html.

② 张建伟. 网络约架与暴民狂欢 [EB/OL]. (2012-07-13) [2018-05-01]. https：//news. sina. com. cn/o/2012-07-13/063924766404. shtml.

意是教导游戏玩家在购入一款烂游戏时如何玩得开心，也就是"认真玩烂游戏"的意思。[①] 后来这一概念经日本游戏界传入我国台湾地区，成为台湾 BBS 上一种特殊的文化，然后再经由香港传到内地。[②] 本书讨论的恶搞已经超越了日文原意。在中文网络文化环境中，恶搞被界定为一种"用文本、声音、图像、视频或动漫等表达方式，以消解取材对象原价值为指向的流行于网络的特殊现象"[③]。

其实，恶搞行为古已有之，且从未断绝。如民间创作的夸张讽刺意味强烈的幽默、早期的滑稽剧、影视中的无厘头情景和对白（如电影《大话西游》和电视剧《武林外传》中比比皆是）等等，都带有恶搞的成分。但恶搞成为一种广为传播的亚文化形态并引起社会的关注与讨论，则是网络时代尤其是社会化媒体崛起以后才有的现象。它的鲜明特点是：颠覆传统，标新立异，用一种讽刺、幽默、游戏的视角来对待传统习惯和知名作品及其包含的价值观念。通俗的理解可以是：以知名作品、人物或事件为原型，通过戏仿、滑稽、夸张和搞笑等方式表达对某些事物的看法。有人将其斥责为："不好好说话，是历史虚无主义、文化虚无主义思潮一种新的表现形式。"[④]

当前的网络恶搞作品主要表现为四种形式。（1）文字恶搞。最主要的形式是篡改名作，即模仿名作的行文方式，改变其中部分词句，使其成为与原文本结构相似但指向和意思完全不同的作品。如朱自清的经典散文《春》被恶搞成"食品安全版""检查团版"和"两会版"等多个版本；鲁迅的名作《为了忘却的记念》和《孔乙己》中的段落也被不同的诉说对象恶搞成多个版本；等等。（2）图片恶搞。利用 Photoshop 等图像制作软件对现有图片进行涂改、部分调换或添枝加叶，使其变成一张内容迥异、带有戏谑意味的图片。如流传甚广的"百变小胖""蒙娜丽莎的微笑""赵本山宋丹丹偷菜图""美国总统办公室会议照片""杜甫很忙"

---

① 王笑楠. 对网络恶搞现象的文化分析 [J]. 河南师范大学学报（哲学社会科学版），2010（5）.

② 刘芳. "恶搞"的来源 [J]. 中国新闻周刊，2006（32）.

③ 王笑楠. 对网络恶搞现象的文化分析 [J]. 河南师范大学学报，2010（5）.

④ 莫让"恶搞"成时尚 [EB/OL].（2014-04-04）[2018-05-01]. http://www.gmw.cn/content/2006-08/09/content_462377.htm.

等。（3）音频恶搞。利用音频软件篡改原有的家喻户晓的音频作品（主要是歌曲、影视剧经典台词、名人演讲等）的部分内容，但保持原来的结构，达到讽刺或娱乐的效果。如《大话西游》中的经典对白被翻译成各个地方的方言版本；篡改周杰伦、费玉清合唱的歌曲《千里之外》；等等。（4）视频恶搞。运用视频制作软件对影视作品内容进行篡改和拼接，达到反讽和娱乐的效果。视频恶搞是极为流行的网络恶搞方式，如被称为视频恶搞鼻祖的《一个馒头引发的血案》是对电影《无极》的篡改，电影《闪闪的红星》被恶搞为网络短片《闪闪的红星之潘冬子参赛记》，《黑客帝国》被恶搞成《春运帝国》，等等。

十几前年，恶搞作品的创作主体一般还是网民个体，或几个志趣相投的网民组成的小群体。创作的个体化和内容的颠覆性决定了这些作品无法在主流网络媒体上发布，因此，网络门户、新闻网站等第一代网络媒体上基本难觅恶搞作品的踪迹。随后，博客、播客、论坛、知识分享网站等媒体平台成为恶搞作品天然的栖息地，也是这些创作者实现个性化表达和作品广为传播的理想渠道。细究其因，一是社会化媒体的"用户生产内容"机制为掌握技术、有创作欲望的网民提供了空间与可能；二是社会化媒体宽松的内容审查机制为恶搞作品的发布与传播提供了开放的渠道；三是社会化媒体庞大的用户规模、极强的互动性和病毒式的传播分享机制，为恶搞作品的大范围快速传播提供了技术保障和社会基础。

近些年，以恶搞为特征的网络短视频、段子每天在社会化媒体中传播，尤其是微博、微信群和微信朋友圈，成为传播这些内容的主流阵地。这种传播方式甚至支撑了一个视频制作产业，酷6网、爱奇艺等网络视频站点，成为这类内容的主要聚集地，每天都推出大量博人一笑的恶搞视频。而社会化媒体成为传播链条中的主要中转站，大量恶搞视频经由微信、微博、论坛等渠道，并借助方便快捷的物理终端（智能手机和平板电脑）得以病毒式传播。

### （四）以围观代替交流

公共表达的质量一开始是由论坛、贴吧、微博上的主题帖和博客、微信公众号上原创文章来引导和决定的。好的主题帖和原创文章一般会引来较高质量的回复，但用户的交流意愿和交流能力是很重要的影响因素。在社会化媒体的信息传播中，即使是一些阅读量很大的帖文，回复量有时也并不大，高质量的回复则更有限。而在很多网络公共事件中，舆论却是由这些并不多的回复量和背后庞大的点击量（关注度）来推动的。

胡蕊考察了天涯社区人气最旺的论坛板块"天涯杂谈"2005—2008年最热门的100篇帖文，考察其点击和回复情况后发现，大部分热帖的点击量达到百万人次，但回复量一般不足500人次，也就是每200人看过帖文后才有一个人愿意回复，其中还包括为数不少的"顶""3分走人""打酱油"之类的无意义回复。[①] 而2005—2008年正是天涯社区及其旗下的天涯杂谈如日中天的时期。这说明，很多用户登录和使用社会化媒体的状态止于"围观"和"潜水"，并没有上升到实际交流的层面。

2008年，凤凰网博客和新浪博客上曾有一场引人关注的论辩，即发生在知名意见领袖莫之许和香港媒体人梁文道之间关于网络现状与未来的争论。那场争论的内容不是本书关注的重点。但争论过程中，另一知名网友"和菜头"参与讨论的文章提供了很有意思的信息和观察视角。"和菜头"也是一位知名度颇高的资深网友和网络意见领袖，他在参与该话题讨论的博文中诉诸自己的经验称：

> 以我的Blog为例，日均访问量是1万个独立IP，这意味着每天有1万个人来访问。在这1万人里，回帖发表意见的人有多少？平均每天不超过100贴，也就是说只有1%不到的人会参与讨论。剩余的9000人是所谓"沉默的大多数"，网络术语叫"潜水员"。论坛的纷争也好，Blog里的骂战也好，绝大部分是由这1%的人掀起，而潜水员们并不参与，只是旁观。
>
> 如果知道这个比例，并且明白发言的人有更高的表达欲（尤其是反对意见），那么这种喧嚣其实根本无足轻重，只不过是热闹而已。在网上说话，真正的受众是99%的沉默大多数，自己和那1%的发言者只不过是舞台上的演员。这99%的人群用鼠标投票，他们在，那才是真正的热闹、真

---

① 胡蕊. 网络表达：众意与民意 [M]. 北京：北京理工大学出版社，2014：94.

正的风潮。如果他们离开，那么讨论得再热闹再激烈也没有多少意义。无论多么激烈的辩驳，很少能改变发言者的观点，但是会影响沉默的大多数。他们听进去了，就会驻留。他们听不进去，就会离开。所以，愿意成为孤岛，大家抱团，这只是一种虚假的声势。后台的统计软件冷酷无情，它会说出真相如何。

真正的网络决定力量是沉默的大多数，而网络权力体系的金字塔尖是不可见的权力上层。网络世界是今天这个样子，似乎是所有网民自由意志选择的结果。这种想法是不对的，只不过是他们觉得如此罢了。看不见的手在拨弄网络世界，这个问题值得真正讨论一下，但是却罕见相关的帖子。[1]

这篇博客文章透露了两个重要信息：（1）即使在博客使用十分火爆的时候（2008年），针对网络上的热点话题，博客用户的回复率也不高，围观者多、发言者少。（2）不能因为回复率低、潜水者众，就忽视和低估了那些不直接参与表达的用户的力量，他们的存在也许正是南方传媒前评论员笑蜀断言"关注就是力量，围观改变中国"[2]的依据所在。

笔者考查了2015年两个热门事件"崔永元和方舟子论战转基因"和"延迟退休"在微信、微博、论坛、博客4类社会化媒体中的讨论情况，并分别统计了各自最热门的10篇帖文的阅读和回复情况，见表5-1、表5-2。

表5-1 "转基因之争"中4类平台上10篇热帖的阅读与回复情况

| 指标 | 微信 | 微博 | 论坛 | 博客 |
|---|---|---|---|---|
| 阅读量/人次 | 251961 | | 569373 | 88132 |
| 回复量/人次 | 2469 | 17382 | 16448 | 345 |
| 回复率/% | 0.98 | | 2.89 | 0.39 |

注：微博的回复量（17382人次）包括有文字内容的回复量与点赞量，前者为2287人次，后者为15095人次。

---

[1] 和菜头. 在莫之许和梁文道的讨论之外 [EB/OL]. [2018-05-01]. http://blog.ifeng.com/article/1544004.html. 原博客已封，但梁文道凤凰网博客中转有此文。

[2] 笑蜀. 关注就是力量，围观改变中国 [N]. 南方周末，2010-01-14.

表 5-2　"延迟退休之争"中 4 类平台上 10 篇热帖的阅读与回复情况

| 指标 | 微信 | 微博 | 论坛 | 博客 |
|---|---|---|---|---|
| 阅读量 / 人次 | 1229583 | | 1107107 | 219083 |
| 回复量 / 人次 | 12166 | 5341 | 284423 | 61 |
| 回复率 /% | 0.99 | | 25.79 | 0.03 |

注：微博回复量统计标准同上，文字回复量 3073 人次，点赞量 2268 人次。

转基因食品的安全性和延迟退休的合理性是当时的社会舆论热点。2015 年，有关转基因的争论由于崔永元和方舟子两位名人的介入而重新受到网民的关注，并引发各种争议；延迟退休话题也因为当年 7 月人社部公布"延迟退休时间表"而带来一波网络舆论新高潮。但从表 5-1、表 5-2 统计的阅读与回复情况看，回复率并不高，除了"延迟退休事件"在论坛上出现了 25.79% 的回复（包括很多无意义的回复），两个热门事件的回复率最低的为 0.03%（博客），其他 3 类媒体中的回复率为 0.39% ~ 2.89%。

从上述表格中的数据可以看出，使用不同的社会化媒体时，用户参与公共表达的积极性有差别：一般而言，论坛和微信上的回复率明显高于博客，这也说明博客应用的边缘化；微博的回复率从直观感受和经验上讲并不低，但表格中对阅读量及回复率未作统计，原因在于，微博的技术逻辑是自动推送模式，真实的阅读量无法统计。尽管真实的回复量有据可查，但回复率无法准确计算。

一个比较极端的数据反映了社会化媒体用户回复情况：2015 年关于转基因事件争论的最热门论坛帖文是湖南"华声论坛"的帖文《"舌战"转基因，几人能看透？》[1]，在当年论坛的相关主题讨论中阅读量列榜首，高达 187965 人次，但回复数只有 2 条，而且其中一条内容是不知所云的"做好人" 3 个字，时间是 2016 年 5 月 2 日，距离原文贴出时间整整过了 13 个月；而另一条回复已经被删除，只能看到后台的自动统计数（可能是网络管理导致后台数据删除）。

---

[1]　宋丞策."舌战"转基因，几人能看透？ [EB/OL]. (2015-04-01) [2018-05-01]. http : //bbs. voc.com.cn/topic-6467689-1-1.html.

### （五）情绪宣泄压倒理性对话

网络应用在中国走向普及的 20 余年里，网络平台上呈现的各种口水战从未断绝，有的甚至一步步由口水战发展为骂战、约架，或者对簿公堂。口水战需要空间和阵地，社会化媒体是最好的选择（早期的新闻跟帖评论也有一定的讨论功能，但后来被社会化媒体取代）。引发争端的议题可谓五花八门，从家长里短到国际纠纷，从情感冲突到学术争议，从实用知识到学科理论，从政治经济到文化生活，几乎无所不包；参与争端的主体从普通网友到网络"大 V"，从文体明星到大学教授，从作家到政府官员，涉及范围十分广泛。如方韩"代笔"之争、方崔"转基因论战"、韩寒与肖鹰之争、延迟退休之争、周立波与郭德纲之争等。

还有一种网络口水战也十分常见：涉事主体之间虽有利益冲突，但双方（或多方）并未在网络上交手，事件相关信息被搬上网络后，与事件无关的社会化媒体用户（旁观者）则发起争论，直接撇开当事人大打口水战，甚至划线站队形成各自的阵营，或人肉搜索当事人，必欲除之而后快，或党同伐异，不达目的不罢休。在各种网络口水战中，社会化媒体从来都是主战场，而在论战中，除了少数网民能够秉持客观、理性、就事论理的态度，大部分网民的表达更接近于意气用事，或者挥舞道德大棒，以道德气势压人。

方舟子与崔永元关于转基因的争论，由于延续时间较长，中间穿插了很多小事件。如 2015 年 3 月 26 日崔永元在复旦大学演讲过程中与该校教授卢大儒发生语言冲突，随后引发一场网络口水战，成为方崔"转基因论战"的一个组成部分。天涯论坛是这场口水战的主阵地。网友"东辽河"3 月 28 日发出的主帖《好戏！看崔永元复旦转基因讲座，评挺转基因教授当场出丑（转载）》[①]获得了 27048 人次的阅读量和 528 人次的回复量。从现场争论的文字实录看，秉持公共立场的媒体主持人崔永元与坚守科学专业立场的生物学教授卢大儒之间的现场辩驳并不充分，限于各自对转基因问题理解程度的差别，有限的现场交流并未产生明确结

---

① 东辽河. 好戏！看崔永元复旦转基因讲座，评挺转基因教授当场出丑（转载）[EB/OL]. （2015-03-28）[2018-05-01]. http://bbs.tianya.cn/post-worldlook-1427588-1.shtml.

论。由此引发的后续争论本应就遗留问题展开深入探讨才是对争论双方及广大网民都有利的局面。但事实是，后续的网络争论又偏离了问题本身：参与网民的表达舍弃了逻辑与理性，让讨论变成一场选边站队后的相互指责与谩骂。

从天涯网友在上述主题帖文后面的回复①可见，支持崔永元的网民和支持卢大儒的网民双方的争论中，打口水战的特点十分鲜明。双方都未能做到心平气和地"摆事实讲道理"，而是根据立场选边站队，并凭借对于转基因知识有限的了解和不满情绪，极力抹黑和丑化这场争论的对方主角，甚至辱骂参与讨论的对方粉丝，十分顺畅地由讨论问题上升到人身攻击。当然，争论中也有较为客观和理性的声音出现（如网友"我要窝兹"在主题帖文后面的回复②），但这种声音所占比例很低，难以撼动整个讨论的气氛与基调。

## 二、社会化媒体公共表达的价值倾向

### （一）网络后现代主义

麦克卢汉在 20 世纪 60 年代就已指出电子媒介的后现代特征，他认为，媒介作为人体的延伸，对整个心理和社会的复合体都产生影响。因此，特定性质的媒介事实上是特定文化的标志，印刷媒介即是现代文化的象征，电子媒介则是后现代文化的代表。③其实，当时的电子媒介还仅限于广播和电视。麦克卢汉认为，电视等电子媒介对于工业化和城市化的社会而言，实施着"反都市化"和消解集权的"再村落化"过程，因而是后现代的。当时持类似观点的还有其他一些后现代理论家。事实证明，麦克卢汉虽然对电子媒介与社会文化的关系有着天才般的

---

① 东辽河：好戏！看崔永元复旦转基因讲座，评挺转基因教授当场出丑（转载）[EB/OL]. (2015-03-28) [2018-05-01]. http://bbs.tianya.cn/post-worldlook-1427588-1.shtml.

② 东辽河：好戏！看崔永元复旦转基因讲座，评挺转基因教授当场出丑（转载）[EB/OL]. (2015-03-28) [2018-05-01]. http://bbs.tianya.cn/post-worldlook-1427588-1.shtml.

③ 马歇尔·麦克卢汉. 理解媒介：论人的延伸 [M]. 何道宽，译. 北京：商务印书馆，2000：8.

预言，但他对于广播电视的"后现代性"判断显得过于乐观或过于悲观。后来的学人发现，以电视为代表的电子媒介并没有消解集权中心，也没有反都市化，反而强化了电视台等传播机构对技术和信息发布过程的垄断。从传播形态和传播性质上讲，广播电视与报刊相比，虽然覆盖率有增加，对受众文化层次的要求也有所降低，因此表现了平权化的一面，但其本质上还是与报刊同类的大众传播媒介，除了对时间和空间障碍有所突破外，对人类传播的自由并无本质的增进和改变。

以电脑和信息技术为基石的互联网的出现，才显示了媒介的后现代特征。特别是社会化媒体的应用与普及，更使网络的后现代媒介特征明朗化，同时也宣告后现代社会成为可感的现实。

与50多年前麦克卢汉对电视的乐观判断一样，世纪之交的中外学者也对电脑与互联网的后现代性不吝辞藻。如法国当代思想家、后现代理论倡导者利奥塔尔（Jean-Francois Lyotard）在《后现代状态：关于知识的报告》一书中将后现代社会描述为"计算机化的社会和信息社会"①，并认为后现代社会的知识状况受到诸如电脑语言、信息传播、信息储存与数据库、远程信息处理技术等的冲击。

国内也有传播学者认为，"互联网的出现才最为充分地显现后现代的真正来临"，其理由是互联网消解了原有的、集权式的电脑技术权威和技术中心，消解了传统传播权力，消解了现代语言及文本规范。②还有学者干脆宣称："作为后工业社会的标志之一，互联网也许是后现代主义状态最完美的说明书。"③在2002年前后作出此种判断虽然体现了较好的前瞻性，但似乎也是无视当时网络媒体遵循"大众传播"模式的事实。所谓消解技术权威、传播权力和语言规范，最多只是开了个头，或者说是因当时的互联网展示出一些与传统媒体不一样的特征，并提供了更多传播自由，就让人们迅速陶醉了。

---

① 让-弗朗索瓦·利奥塔尔. 后现代状态：关于知识的报告 [M]. 车槿山，译. 北京：生活·读书·新知三联书店, 1997：1.

② 秦志希，葛丰，吴洪霞. 网络传播的"后现代"特性 [J]. 武汉大学学报（人文科学版）, 2002（6）.

③ 张品良. 网络传播的后现代性解析 [J]. 当代传播, 2004（5）.

互联网较之传统三大媒体而言，在传播技术和社会影响方面的确前进了一大步。但我们在下判断之前一定要谨慎地提醒自己：互联网的发展是一个尚未充分展开的动态过程，往后会出现越来越多意料之外的惊喜。Web 1.0、web 2.0和 web 3.0 之间表现出来的差异，应该大于第一代网络媒体与传统三大媒体的区别，有些区别甚至更为根本。具体地说，第一代网络媒体除了增加信息量、一定程度的方便快捷、少量互动之外，与传统媒体相比并未展示出本质区别。虽然邮箱、论坛在那时已开始使用，但门户网站、新闻网站才是 Web 1.0 时代的主流与正宗，鲜明的大众传播模式使其跟传统媒体一样是集权式、垄断式、机构话语霸权式的信息传播，受众的主体地位与传播自由及话语权分享同样处在较为初级的阶段。

这里突出社会化媒体的后现代性，并非要否定或抹杀第一代互联网所具备的后现代特征，而是强调互联网应用是一个逐渐发展的技术和文化形态。同样，人类社会的后现代性也是一个动态的、逐渐显露的过程。另外还需要说明的是，当互联网发展到今天的水平，"互联网"或"网络媒体""新媒体"这样的统括性概念，其指称性和解释力已经大有问题。分类的、有层次的描述与分析必须提上日程，否则研究问题的针对性、研究结论的有效性都会大打折扣。

### （二）群体极化

对群体极化（group polarization）现象的分析，早在法国社会心理学家勒庞19 世纪末写就的名作《乌合之众》中就已涉及。勒庞认为，"孤立的个人具有主宰自己的反应行为的能力，而群体则缺乏这种能力"[①]。但最早使用这个概念进行规范表达的是美国传媒学者斯托纳（James Stoner）在 1961 年研究群体讨论的成果中。群体极化是指在群体中进行决策时，人们往往会比个人决策时更激进或更保守，向某一个极端偏斜，从而背离最佳决策。桑斯坦在其名著《信息乌托邦》中将群体极化作为网络信息时代人类知识生产中的一个重要问题而提出，并希望

---

① 古斯塔夫·勒庞. 乌合之众 [M]. 冯克利，译. 北京：中央编译出版社，2000：21.

引起足够重视。[①] 究其本质，人类原本就具有非理性的一面，只不过是在群体聚集（现实社会中或者网上）时更容易充分展示出来。

群体极化现象在现实世界中从未断绝，其原因是多方面的。其一，普遍存在的非理性甚至集体无意识状态，在人群聚集和交流后产生情绪相互感染，个体易出现盲从心理和"法不责众"的侥幸心理，从而盲目地跟随别人做出不理性的行为。如德国纳粹针对犹太民族的暴行、晚清义和团运动中"逢洋必反"的行为等。其二，随着现实社会中的矛盾与问题长期积累，民众需要寻找机会宣泄情绪、表达不满，而某些具体事件恰好提供了激化矛盾和宣泄情绪的契机。其三，互联网（尤其是社会化媒体）信息传播平台的技术逻辑与传播特点为群体极化提供了物质条件，即它的匿名性、非权威化、交流的即时性、交往的圈子化等特征天然地有助于信息过滤和对竞争性观点的排斥，促成极化现象。其四，人为引导和操纵。引导和操纵的动机不一而足，有商业上的，也有政治上的。操纵的主体有时是意见领袖，有时是利益集团。

社会化媒体中，用户围绕热点事件参与公共表达常常成为网络舆情的发动机，但在此过程中激烈争论甚至谩骂和围攻现象也屡见不鲜。而在一些具体事件或议题的讨论中，群体极化现象的确存在。有研究者认为，群体极化现象与不同平台用户群体的性质和特定议题的属性有关。其中，激进派聚集的论坛更容易出现极化；涉及政府的议题更容易在激进的论坛中出现极化，而在温和派占据主流的论坛则呈现非极化状态。[②]

总体而言，在当下的社会化媒体群落中，论坛和微博上的公共表达形成群体极化现象的概率要高于博客和微信。细究其因，首先，博客媒体已经边缘化，其使用主体及阅读主体已逐步精英化，这个群体的理性程度本身较高，不容易因相互感染而出现极端化的情绪和言论。其次，微信平台中的微信群、微信朋友圈和微信公众号有时也会出现公共话题讨论，但前两者因为局限于熟人交际圈，群体

---

① 凯斯·桑斯坦. 信息乌托邦：众人如何生产知识 [M]. 毕竞悦，译. 北京：法律出版社，2008：99-105.

② 乐媛，杨伯溆. 网络极化现象研究：基于四个中文 BBS 论坛的内容分析 [J]. 青年研究,2010(2).

规模较小，且一般不匿名，所以不容易剑走偏锋；有些微信公众号虽然拥有较可观的订阅量，但其回复功能及展示功能被运营者严格限制，且用户之间并不能即时交流，所以也不易形成群体极化。

论坛中的公共表达，则更易于出现群体极化现象。有时是经过一番讨论后，参与者形成压倒多数的意见，迅速构成一种暂时的、看似牢不可破的圈子认同；有时甚至出现原来只有两位参与者的观点交锋，但迅速演化为围绕主流观点的站队，并对持不同观点的人进行围攻、谩骂和人身攻击，局面常以被攻击者落荒而逃告终。

微博中的情况也与论坛类似。微博平台上的大多数公共表达是一种无强制力的意识形态争论，本来就无确定的对错，加之微博既缺乏现实社会中的利益和权力结构约束，又特别容易被操纵，所以，群体非理性和极化现象就难以避免。

近些年，我国出现过多起通过社会化媒体公开呼吁并组织的商业抵制活动或其他抗议活动。其中有些带有较鲜明的民族主义色彩，如抵制家乐福超市、抵制日货、反日游行、抵制韩国乐天超市等；有些则呈现出官民对抗的痕迹，如福建、浙江、云南多地抵制 PX 项目的活动等。这些活动虽然最终都呈现为线下行动，但其呼吁、讨论、组织和呼应的过程有着丰富的网络话语内容。尽管不能轻率断定这些活动都是通过社会化媒体来完成组织和动员，但至少网络上的前期呼吁、中期关注和推动、后期讨论与反思环节都与线下活动形成了良好互动。这些网络话语过程虽有理性与平和的一面，但更让人印象深刻的，是其中非理性的一面，以及网民通过社会化媒体的动员，形成聚集后表现出的群体极化现象，如打砸抢烧等街头违法行为。

## （三）泛道德主义

泛道德主义就是用伦理道德准则处理一切关系，以伦理道德标准衡量一切价值，使之具有至高无上的社会地位和全面的社会影响。[①]泛道德主义在我国有着

---

① 王君玲. 网络表达研究 [D]. 武汉：武汉大学，2009：39.

深厚的文化传统和现实土壤，所以至今从未根绝。在儒家文化的长期熏陶下，人都按道德标准被分为"君子"与"小人"两种基本类型，君子是道德完人，小人则应通过社会教化而成为君子，对不能成为君子者则运用孤立和刑罚等手段进行制裁。千年以降，从家庭教育到社会教化，"道德评价"已成为中国人参与和讨论公共事务的一种独特模式。比如古代对犯人的游街示众，现代出现的"电视认罪"，以及媒体对贪官"生活作风"问题的报道和渲染，都可视为泛道德主义的产物，一般民众已然习惯，见怪不怪了。这无非说明泛道德主义思维模式何其深入人心，其社会效用也屡试不爽。所以，在这种文化氛围下，国人在讨论公共话题时就会不经意地进行"道德渲染"，动辄给自己不喜欢的人扣上一顶"坏人"（即有道德瑕疵的人）的帽子，方便自己迅速占领道德制高点，对他人施行口诛笔伐。

发生于 2006 年的"铜须事件"①曾经在网络中轰动一时。这本是普通人的婚外情事件，无论在现实生活中还是在传统媒体上都不是新鲜话题，当事人的身份和事件的情节也不具备较高的新闻价值。所以，这只是当事人的私事，旁人本不必也不该插手。而恰恰是这样一件普通人的私事，却在网络上迅速传播，并使当事人"铜须"在网络空间被网民以"游行示威"、发帖谩骂等方式持续讨伐。甚至有网民将其个人资料公开，并呼吁社会唾弃他。最终该事件的影响由线上波及线下，众多网民在现实世界中采取不恰当的行动，给当事人带来严重困扰。

在被称为"中国网络暴力第一案"的"死亡博客事件"（即"姜岩案"）中，网民的表达以及相关行为也呈现出鲜明的泛道德主义倾向。2007 年底，31 岁的北京女白领姜岩从 24 楼的家中纵身跳下，用生命声讨她的丈夫王菲和"小三"。自杀前，姜岩在网络上写了"死亡博客"，记录了自杀前两个月的心路历程，并在

---

① 2006 年，猫扑网旗下"魔兽世界中国"主题论坛上，一男子发帖称妻子沉迷于《魔兽世界》游戏，并在一次玩家聚会后与网名"铜须"的男子发生一夜情。此帖随后出现在多家论坛。网友开始声讨"铜须"，有网友调查出"铜须"的真实姓名、手机号、照片等并公布在网上。此后，网友采用发帖，以及在游戏中集会、谩骂、要求"自杀"等方式，声讨 24 岁在校生"铜须"。有网友甚至发布"江湖追杀令"，呼吁社会封杀"铜须"。

自杀当天开放了博客空间。[①] 于是，三人之间的情感纠葛及家庭纠纷迅速进入大众视野，并引来网民在论坛、博客上对王菲和"小三"的道德谴责与围攻。网民通过人肉搜索查清并公布了二人的家庭住址及工作单位，有些极端网民在网络声讨之余，甚至组团到当事人居住的小区和工作单位闹事，以示对背叛感情者毫不留情的惩罚。

2015年5月3日，四川一位女司机因为与一位男司机"斗气别车"而被对方殴打。事件在网上传播后，起初女司机得到了很多网友的同情和支持，但舆情很快就发生逆转：有网友开始指责女司机的危险驾驶行为，并宣称"换我也会像男司机那样"；与此同时，还有网友对女司机进行人肉搜索，并公开了她的两张身份证和"官二代"身份，最后竟然连她的82次开房记录都翻了出来。[②] 此后，微博上便出现几乎一边倒的道德谴责甚至辱骂。这起事件的舆论反转就是一次不折不扣的泛道德主义喧器：在女子身份曝光后，网民不再关心"斗气别车"和打人行为的是非曲直，而是依据部分网民非法获取并公布的个人隐私信息，将矛头指向当事人与"别车"无关的私生活问题，并进行泛化的道德攻击。

上述"铜须事件""死亡博客事件""别车打人事件"的网络讨论有几个共同点：首先，这些事件的起因或是普通个体的情感纠纷，或是其他性质并不严重的民事纠纷；其次，网友对事件的关注过度聚焦在伦理道德层面，而忽略了事件的主要内容和相关社会规则；再次，网民的道德评判行为并未局限于网络空间，而是延伸到当事人的现实生活中，把普通人生活中的事件放大成重大的社会事件，甚至演变成道德讨伐的群体闹剧；最后，由于大量网友参与和道德审判的强大压力，事件的正常发展方向也被强行改变。[③]

网络公共表达中的泛道德主义倾向，一方面表现为道德相关事件和议题更容易被网民关注并转化为公共议题，从而将一些现实社会中的小事件、普通事件放

---

①　王君玲. 网络表达研究 [D]. 武汉：武汉大学，2009：42.

②　成都被打女司机被人肉出来了，82次开房 [EB/OL]. (2015-05-07) [2018-05-01]. http：//help.3g.163.com/15/0506/13/AOUGSTS000964LBS.html.

③　王君玲. 网络表达研究 [D]. 武汉：武汉大学，2009：44.

大成为具有影响力的网络事件，随意占用甚至浪费公共资源；更重要的另一方面是，部分网民眼中的道德"高低""优劣"成了判断事件是非和衡量当事人对错的唯一标准，并因此遮蔽了事件本身的性质和指向的关键问题。①

### （四）"网络民粹主义"

民粹主义（populism，又译为平民主义）是 19 世纪在俄国兴起的一股社会思潮，后来发展成一种世界性现象。民粹主义是精英主义的对立面，它将平民的利益与诉求作为终极的价值关怀，认为政治精英、官僚组织、技术专家、社会权贵等都是脱离民众、道德败坏的群体，主张把平民化和大众化作为所有政治运动和政治制度合法性的最终来源，依靠平民大众对社会进行激进改革，并把普通群众当作政治改革的唯一决定性力量。②

"网络民粹主义"是在互联网蓬勃发展的背景下产生的一种社会思潮，是民粹主义在网络传播空间的一种表现形式。它一方面是对现实中精英主义的反抗，另一方面是对现实中民粹主义思潮的延伸。③平民化、非理性、泛道德化、批判性是民粹主义的特点，这些也都被中国的"网络民粹主义"一一继承。

一方面，"网络民粹主义"基于平民立场来看待并反映社会弱势群体的利益诉求，关注社会公平与司法正义，有其积极意义。另一方面，"网络民粹主义"在语言表达上的偏激、极端甚至暴力倾向，以及对转型期存在的各种问题的非理性表达，加剧了各阶层之间的隔阂和对立。这种对抗通过偶发的热点公共事件表现出来，实际上撕裂了社会和谐，加剧了整个社会的对立情绪。④有学者指出："网络民粹主义是网络时代民粹主义泛化、极端化、碎片化、危害更烈的新变态。"⑤

---

① 王君玲. 网络表达研究 [D]. 武汉：武汉大学，2009：44.

② 环球时报编辑部. 什么是民粹主义 [N]. 环球时报，2005-06-29.

③ 夏忠敏. "东莞扫黄风暴"中的网络民粹主义传播实践 [J]. 当代传播，2014（4）.

④ 赵智敏，马逸飞. 网络民粹主义的传播特点及应对策略：基于微媒体背景下的传播流视角分析 [J]. 新闻爱好者，2015（7）.

⑤ 王奎，胡树祥. 网络民粹主义辨析 [J]. 社会科学文摘，2020（7）.

随着社会化媒体的快速发展和移动终端的应用普及，"网络民粹主义"依托热点事件中的公共表达呈现间歇性井喷状态。在"孙志刚案""赵作海案""李天一案""东莞扫黄事件""杭州'70'码案""邓玉娇案""药家鑫案""厦门PX项目事件""刘佳杀警案""夏俊峰杀城管案""宁波PX项目事件""快播案"等热点事件的网络公共表达及舆情演化中，都有"网络民粹主义"的身影在活动。原因在于：首先，参与公共表达的主体由精英转向草根，而且草根网民在数量上占据绝对优势，其阶层意识也极易形成观点的呼应与相互认同，尤其是在涉及弱势群体权益的议题时更是如此。其次，仇富、仇官、反权威、无视常识、诉诸狭隘个体经验的非理性情绪涌动，很容易在交流过程中相互感染，形成"回声室效应"①，并迅速扩散和放大。如在"李天一案"中，不论是社会化媒体上的讨论还是其他网络媒体的报道，前期均无视当事人的未成年人身份，直呼其名甚至刊出未作任何处理的当事人照片。网民认为李天一是"官二代"，而事件的另一方则是弱势群体，仇官、仇富心理直接超越了对法理的认同。最后，语言表达中的道德杀伐意味和暴力倾向明显，如在"刘佳杀警案"和"夏俊峰杀城管案"中，论坛和微博上出现了大量"杀得好""死有余辜""大快人心"之类匪夷所思的暴戾表达。持这些观点的网民似乎完全不考虑事件本身的性质和当事人行为的对错，也缺少对生命的起码尊重。

社会化媒体的崛起消解了传播权和话语权的垄断，部分实现了传播权配置的合理化与文化生产的民主化。但由于社会化媒体在总体上具有青年亚文化烙印和草根化特征，其用户的内容生产与意见表达在反抗精英主义的傲慢与偏见、追求民主与平权等目标时，不可避免地带上民粹主义色彩。在民粹主义旗帜下，社会化媒体成为社会中下层民众行使话语权的主要通道，同时也是部分精英批评和反叛精英体制的言论阵地。当社会化媒体中发出的声音被认为代表了民意，并

---

　　①　"回声室效应"是指在一个相对封闭的环境中，一些意见相近的声音不断重复，并以夸张或其他扭曲形式重复，令处于相对封闭环境中的大多数人认为这些扭曲的故事就是事实的全部。参见Jamieson K, Cappella J. Echo Chamber: Rush Limbaugh and the Conservative Media Establishment[M]. London: Oxford University Press, 2008: 75-76.

在"网络民粹主义"语境中成为绝对正义的象征时，媒体平台在某种程度上就掌握了民间话语的主导权，因此具备了某种合法性，并形成与现实合法性之间的对抗。① 这正是一些研究者和有识之士深感忧虑的现象。

## 小　结

本章的主要内容是分析和总结当前社会化媒体平台上公共表达呈现出来的一些问题，主要集中在表达方式和价值倾向两个方面。当然，这里并不追求一个全面而完整的呈现，而是通过深入分析典型案例——"转基因论战"中网民在社会化媒体平台中的表现，并结合诸多研究网络语言、网络文化、网民行为、网民心理方面的学术文献而进行概括提炼，经验成分居多。

在社会化媒体平台上，网民参与公共表达的语言特点是随意化和个性化，并表现出一定程度的鄙俗化和暴力倾向；在表达方式上，网民常常追求恶搞和娱乐化，情绪宣泄是其可以察觉的动机；聚众围观则成为公共表达的现场背景以及另一种形式的参与。这些都说明，当前社会化媒体平台上的公共表达理性程度不高，平和地就事论理的讨论氛围并未形成，合理的议事规则更是一个稀缺品。

包括"转基因论战"在内的多个热门议题的网络讨论过程也表明，网民在社会化媒体平台上参与的公共表达还呈现出较为明显的后现代主义、群体极化、泛道德主义、"网络民粹主义"等特征。这与当前的社会思潮有一定关系，或者说是社会思潮在网络文化中的体现与延伸，也与转型时期社会矛盾的构成情况及利益主体的多元分化有关。

---

① 陈建. 社会化媒体舆论表达的民粹主义隐忧：以微博客的舆论表达为例 [J]. 东南传播, 2010 (11).

# 第六章

# 社会化媒体公共表达的功效与困境

功效，可分解为功能和效果。一般而言，功能是行为产生的长期、稳定的结果；效果则更多指向短期、即时的结果。但总体而言，功效一词还是蕴含了持续、可预期的结果。

如前文所述，社会化媒体上网民的公共表达本质上是一种信息传播和交流行为。由于社会生活中的公共话题此起彼伏，网民参与公共表达的行为在总体上也具有持续性。所以，在特定历史阶段，社会化媒体上的公共表达也必然会产生特定的功效。这种功效既作用于公共表达的参与者，也会作用于社会机体和同时期的社会文化。

同时，公共表达也是意识形态的组成部分，是对社会生活的一种客观反映，其内容、形式和质地也受到特定阶段的群体心理、社会文化水平和公共生活质量的影响和制约。基于这一判断，并结合本书第五章对社会化媒体上公共表达的方式及价值倾向的分析，笔者认为，当前我国社会化媒体上的公共表达，在产生诸多积极社会影响与效果的同时，仍存在较为明显的缺陷与不足。

## 一、社会化媒体公共表达的功效

### （一）确立了网众的主体地位

以往的大众传媒，从报刊到第一代网络媒体，其受众都是数量庞大、面目模糊、原子化的个体，因为无权也无能力参与信息的生产及传播过程，只是被动的接受者，所以不存在独立的主体地位。受众是一个集合名词，这就意味着个体个性化特征及个体间的差别被非人格化的传播机构无情地忽视或抹杀，其需求和权益总是在集合名词的代表下被打包处理。第一代互联网的使用者——网民——同样处在这种主体性不明的尴尬地位。

根据研究者何威给出的定义，网众不是一般意义上的网民集合，而是指积极的社会化媒体用户的集合。[①] 他（她）们不再是信息的被动接受者，而是主动的生产者与传播者，而且在生产与传播过程中还创造性地展示和张扬个性，并通过不断更新的信息、持续拓展的人际圈将自己在社会化媒体平台上的"一亩三分地"经营成各具特色、唯我独尊的自媒体。

从"媒介即讯息"的角度看，社会化媒体平台上网众个体生产及传播内容的质量优劣只是问题的一个方面，其在人类信息传播史上第一次"大规模"地成为个体化的传播者这一事实，已展示了比其传播内容更有价值的"讯息"：一个新的传播时代开启了。

## （二）彰显表达自由并合理配置传播权

表达自由（freedom of expression）是个人（或公民）以独立或集体的形式，通过各种传播手段，向他人和社会公众表达自己的思想、观点的自由。表达自由的核心就是传统意义上的言论自由。[②] 对表达自由通俗易懂的理解也可以是"言论、出版、著作、新闻等自由的合称，是指公民有权通过口头、书面或者音像设备自由地表达自己的思想和意见"[③]。

运用媒介自由地传播一直是人类的梦想。称其为梦想，也暗指不容易实现，其中有技术、能力、体制等多重障碍，非个体单枪匹马可以解决。但表达自由不是一个绝对的指标。我们很难用"有"和"无"来描述人的表达行为状态，更为理性、准确的说法应该是表达自由的多与少，或者充分与否。也就是说，在相对意义上使用这一概念才有讨论的空间。

---

① 何威.网众传播：一种关于数字媒体、网络化用户和中国社会的新范式 [M]. 北京：清华大学出版社，2011：13.

② 黄惟勤.论网络表达自由 [D]. 北京：中国社会科学院，2010.

③ 李怀德.论表达自由 [J]. 当代法学，1998（6）.

可以确定的是，社会化媒体的积极用户——网众——已经获得了较以往的受众和网民多得多的传播自由。新媒体研究者胡泳在一篇博客文章中这样表述他对自媒体 ① 自由表达状态的理解：

> 自由自在的个人媒体。想写什么就什么，想什么时候写就什么时候写，想夸奖谁就夸奖谁，想黑谁就黑谁，只要不涉及商业利益，这些完全就是我个人自由。你不喜欢看就可以不看，我完全没有必要为了迎合某一群人而去改变我写文章的初衷，也完全没有必要为了那笔润笔费而去践踏我的尊严。②

很显然，胡泳强调的自由表达状态是以往任何媒介形式所无法满足的，因为这种情景并非停留在简单的书写层面，而是要在自媒体平台上发布，即网络出版。参与社会化媒体上的表达不是私人写作，而是面对公众写作。

对于网众而言，更充分享有表达自由一方面是因为"用户生产内容"导致了网众主体地位的确立，另一方面则是因为社会化媒体从传统的把关人位置退隐，其把关行为后撤到了更为低调和隐蔽的位置。

社会化媒体的崛起催生了一个三足鼎立的新传播格局，即传统媒体、第一代网络媒体、社会化媒体竞争性共存的格局，这个新格局也必然意味着传播话语权的重新配置。也就是说，社会化媒体在消解机构对传播权力垄断的同时，在一定程度上推动了传播权力分配的民主化：过程的民主与结果的均衡。

突破思想和言论控制，实现并拓宽表达自由，一直是不同社会形态下的个体（或组织）的不懈追求。对于组织而言，表达自由主要表现为争夺话语权的政治参与意义；对于个体而言，表达自由虽然也包含了政治意义，但更主要的是一种

---

① 在非严格语境下，自媒体常和社会化媒体混用或相互替代。但有时自媒体的外延要比社会化媒体更窄，狭义上通常用来指称社会化媒体中带有个人出版特点的应用形式，如博客、播客、微博、个人微信公众号等。

② 胡泳. 为什么一定要说自媒体会大批消亡？[EB/OL]. (2015-08-07) [2018-05-01]. http：//url.cn/EzuR7o.

基本的人格权利，如通过自由表达实现自我，并完成个体社会身份的建构。[①]

随着社会化媒体的应用普及，个体层面的表达自由在形式、内容、程度等主要方面都有了很大改观。

### 1.表达自由的主体扩展：从集体到个体

从理论和宪法精神的层面讲，表达自由的主体并没有个体和群体之分，或者说不存在对个体的歧视。但在大众媒介和大众传播模式占据主导的几个世纪里，受到物质技术条件及相应的经济、政治和文化水平限制，表达自由的主要表现形式如言论自由、出版自由、新闻自由等权利的主体在实践上还是更为真实地落到了组织机构手中，即由承担新闻和文化内容生产任务的社会组织（报社、杂志社、广播台、电视台、出版社、电影制片厂等）来行使，这些机构及其掌握的媒介也因此被称为"喉舌"。彼时的大众，尽管同样有表达意愿，且并未被取消表达自由权利，但其赖以实现的工具和现实条件相当有限，因而事实上沦为权利分配格局中较为次要的主体。

在网众传播时代，社会化媒体的普及带来了"人人都有麦克风""人人都是自媒体"的景象，这也是人类历史上第一次通过技术革命较为充分地赋予普通个体表达自由。"用户生产内容"的低门槛和方便灵活的机制极大降低了对参与者的文化和技术要求；自主选择、广泛连通的社会性网络平台则显著加快了信息传播速度，并极大拓宽了传播范围。

当然，权利的普及并不意味着人人都愿意使用这种权利，但没有人会拒绝这样的机会，因为机会本身就给人以自由的感觉。[②]拥有选择的机会，本身就意味着享有自由，这对于表达自由同样适用。

### 2.表达自由的渠道拓宽：从大众媒体到社会化媒体

在传播科技的发展史上，每出现一种新的、更为先进的传播媒介，都会扩大

---

① 王四新．表达自由与自我实现：以网络表达为例［J］．现代传播（中国传媒大学学报），2010（10）．
② 刘云峰．没有受众的传媒：多媒体时代的传播观念［J］．现代传播，1996（2）．

人们传播新闻和发表意见的自由度。正如罗斯扎克（Theodore Roszak）描述的现象："人们不止一次地把幸福、希望和对尽善尽美的想象寄托在偶然出现的新奇玩意之上，每一次发明在当时都具有同样的地位，成为流行一时的进步象征。"[①]陈力丹先生在1999年撰文引用这番话，是想说明因特网的出现对于人类表达自由的拓展。其实，如果意识到当时的第一代网络媒体只是传统大众媒介的升级版，并对比日新月异的社会化媒体传播景象，我们会发现，除了"偶然出现"这个要素不大适合外，其余的判断更适用于当下的网众传播时代。

在大众传播媒介（包括第一代网络媒体）占主导的环境中，一方面，媒介组织自身拥有了表达自由（媒体组织本身也是权利主体，也有自己的利益诉求，这一点通常被人们忽略）；另一方面，媒介组织也代表大众行使着一定程度的表达自由（所谓"喉舌"），但这并不能说明普通大众因此享有了表达自由。原因很简单：其一，代表行使表达自由并不等于被代表者本身享有表达自由，何况，这种代表行为并未经过公众授权，而是一种制度安排的惯例使然。其二，在我国的政治语境中，大众传播媒介具有双重身份和双重职能，既是大众的"喉舌"，也是党和政府的"喉舌"。而且，在更多情况下，后者往往显得更为重要和突出。如此一来，大众媒介时代的个体若要实现表达自由，单是物质技术条件（渠道）这一点就成为难以突破的障碍。在以三大传统媒介为载体的传播实践中，媒介组织虽然为个体提供了读者来信、热线电话、自由投稿等渠道，但实现的条件较为苛刻。在第一代网络媒体大发展的时代（1997—2007年），个体虽然有了新闻跟帖和发表评论的机会，而且远比从三大传统媒体那里得到的多，但这种跟帖评论行为被媒体限制在极小范围内，其信息数量和影响力与网站自身的新闻生产相比，几乎不值一提。

在"用户生产内容"的网众传播时代，个体实现言论自由的渠道障碍基本不复存在。网众不再依赖大众媒介提供的那点少得可怜的版面和时段来完成被动反馈，而是纷纷在免费网络平台创建自己的媒体（自媒体），积极主动地行使表达

---

① 陈力丹．论网络传播的自由与控制［J］．新闻与传播研究，1999（3）．

权，享受表达自由。如利用个人博客、播客、贴吧、QQ空间、微博和微信公众号等形态，或晒个人的心情和生活状态，或评论时事，或通过即时通信软件和社交网站建立自己的社交圈子，在社会交往中分享信息。

相比之下，无论是渠道的种类和形式，还是容纳普通使用者的能力，社会化媒体已远非传统三大媒体和第一代网络媒体可以比拟。麦克卢汉曾断言"媒介即讯息"，我们同样可以宣称"媒介即话语权"。在网众传播时代，普通公众由于接受了信息技术的赋权，从而低成本地拥有了媒介，也随之轻而易举地掌握了信息生产能力和梦寐以求的话语权，即表达自由。

3. 表达自由的内容拓展：从禁忌较多到无所不谈

从漫长的王权专制时代至近现代，中国的"文字狱"史不绝书。这一方面说明专制和威权政体下统治者对民间表达的习惯性畏惧，"民可使由之，不可使知之"成为一以贯之的执政理念；另一方面也说明民间反抗思想钳制、争取表达自由的努力从未断绝，表达需求一旦遇到合适条件，总会抓住机会冲出重围。

"为尊者讳，为贤者讳"的严苛时代随着王朝湮灭已经一去不复返，但"莫谈国事"仍旧是很多上了年纪的中国人颇为熟悉的友善告诫。这也说明，对传播内容敏感度的感知与把握也是影响表达自由的重要一环。从传播学角度可以解释为，个体借助媒介实现表达自由的水平，除了受制于物质技术条件（即媒体的多寡和易得性），还明显受制于内容生产过程中把关环节的多少与松紧程度。

对信息内容的把关，其一是依赖对敏感和禁忌信息内容的掌握与告知。尽管在不同时代，敏感和禁忌内容会有所区别，但总体而言，随着社会向现代转型，禁忌（主要是政治禁忌和道德禁忌）内容的范围越来越窄了。如在政治领域，对落马的副国级以上高官贪腐情况的深度报道，以及对中日钓鱼岛争端中民间保钓活动的丰富报道，是20世纪90年代以前难以想象的。对传统的道德禁忌内容如婚变、情变、家庭隐私、性等话题的报道，早就成为一般媒体的家常便饭，更不用说参与主体广泛、内容趣味多元化的社会化媒体了。

其二是依赖信息把关人掌控传播渠道的能力。这一方面与技术手段有关，另一方面还受制于把关成本。一般而言，传播渠道越少，把关越容易；反之亦然。一个有目共睹的事实是，与传统的大众传播相比，网众传播的渠道呈指数级数增加；与第一代网络媒体相比，社会化媒体在数量上占有明显优势。具体而言，三大传统媒体的数量以千计算，截至 2013 年，我国有报纸近 2000 种、杂志 9000 余种、电台电视台频道频率合计 4000 余个；第一代网络媒体（网站）数量以万计算，CNNIC 第 33 次报告显示，截至 2013 年底，我国网站数量为 320 万个；而社会化媒体的数量却是以亿计算，一个用户就是一家自媒体，仅微博一项，CNNIC 的报告显示，2013 年底中国的微博数就高达 2.81 亿个，如果加上博客、个人空间、贴吧、微信等，总量会是 10 亿 ~ 20 亿之巨。从数量来看，如果要对传统媒体、第一代网络媒体、社会化媒体上的信息分别把关，其难度和成本的区别显而易见。简言之，即使对社会化媒体的信息生产和传播行为进行把关在技术上是可行的，其成本也是相当高昂的。

## （三）通过社会动员助推社会整合

社会动员属于社会运动的范畴。由于惨痛的历史记忆和现实意识形态压力，当下官方话语、学术话语和民间话语都刻意回避社会动员这一表达。时至今日，我们谈到社会动员时，还是容易产生政治动员的联想，原因也在于此。

政治学家亨廷顿认为，"社会动员是一连串旧的社会、经济和心理信条全部受到侵蚀或被放弃，人民转而选择新的社交格局和行为方式的过程"，"它意味着人们在态度、价值观和期望等方面和传统社会的人们分道扬镳，并向现代社会的人们看齐"。[①] 国内最早研究社会动员的学者吴忠民认为，社会动员是有目的地引导社会成员积极参与重大社会活动的过程。[②] 龙太江认为，社会动员一般指为了实现特定目标而进行的宣传、发动和组织工作。[③]

综上所述，社会动员有三个要点：（1）有目的的行为；（2）有组织的行为；

---

① 塞缪尔·亨廷顿. 变化社会中的政治秩序 [M]. 王冠华，等译. 上海：上海人民出版社，2008：26.

② 吴忠民. 社会动员与发展 [J]. 浙江学刊，1992（2）.

③ 龙太江. 社会动员与危机管理 [J]. 华中科技大学学报（社会科学版），2004（1）.

（3）必须借助一定的媒介工具来实现。另外，任何社会在任何发展阶段都无法避免社会动员行为。所不同的是，有些是官方行为，有些则是民间（社会）行为。

社会化媒体所参与的社会动员一般被称为"网络动员"。网络动员就是以网络作为工具而进行的社会动员，是依靠网络、手机等现代通信手段，互相沟通、串联，在无组织、无领袖的状态下，集体开展的特定群体活动，并采取实际行动的组织过程。[①] 在中国当下的社会环境与媒介环境中，网络动员主要包括三种类型：一是由现实的危机事件触发的动员活动，常以网络救助、网络维权、网络抗议（抵制）、网络审判、网络反腐、网络签名等形式出现；二是带有狂欢或发泄性质的网络聚集行为，如人肉搜索、快闪暴走等形式[②]；三是公益性质的动员活动，如微博"打拐"、救灾捐助（如"衣加衣"）、"免费午餐"、网络纪念活动等，网络公益动员是近几年出现的新现象，而且呈快速发展态势。

这里要特别强调的是，所谓网络动员中的"网络"，其主体就是社会化媒体。如陈华认为，"互联网社会动员一般是借助于网站、论坛、博客、聊天工具等发布信息来组织实施"[③]；刘琼认为，"BBS 和网络社区是网民最常使用的动员平台，天涯社区、凯迪社区、猫扑论坛、中华网社区、强国论坛、新华网社区等知名社区、论坛由于流量大、人气旺，成为动员首帖的高发地带"[④]。由于微博兴起并形成巨大的舆论影响力和动员能力，有些学术论文就直接将网络动员的主体具体化为微博了，如《基于新浪微博平台的网络动员机制研究》[⑤]《政治传播中微博动员的作用机理》[⑥] 和《新浪微博中网民的情感动员》[⑦] 等。

社会化媒体为什么具备较强的社会动员功能？为什么能取代传统媒体及第一

---

① 丁慧民，韦沐，杨丽. 网络动员及其对高校政治稳定的冲击与挑战 [J]. 北京青年政治学院学报，2006（2）.

② 刘琼. 网络动员的作用机制与管理对策 [J]. 学术论坛，2010（8）.

③ 陈华. 互联网社会动员的初步研究 [D]. 北京：中共中央党校，2011.

④ 刘琼. 网络动员的作用机制与管理对策 [J]. 学术论坛，2010（8）.

⑤ 涂光晋，陈敏. 基于新浪微博平台的网络动员机制研究 [J]. 新闻界，2013（2）.

⑥ 刘小燕，赵鸿燕. 政治传播中微博动员的作用机理 [J]. 山东社会科学，2013（5）.

⑦ 白淑英，肖本立. 新浪微博中网民的情感动员 [J]. 兰州大学学报（社会科学版），2011（5）.

代网络媒体而成为当下网络社会动员的主要力量？答案只能在社会化媒体的技术特性和传播特性，以及转型时期中国社会的需求中寻找。

### 1. 社会动员依赖社会关系网络得以有效开展

传统的大众媒介也具备一定的社会动员作用，尤其在计划经济及政治挂帅的年代，其作用还不容小觑。但在政治从日常生活中退却，经济走上前台，并且社会日益多元化的当下，无人际关系依托的大众传媒在社会动员上则全无优势可言。动员的基础是认同与信任，而认同与信任在市场经济时代更多基于人际关系建构。传统媒体和第一代网络媒体的用户数量日渐萎缩，对社会生活的介入程度以及民众对它们的依赖程度也逐渐降低。更重要的是，它们无法为大众提供直接、方便的人际交往和互动交流空间。

传统媒体及第一代网络媒体的不足正是社会化媒体的优势与强项，社会化的人际交互网络已成为社会化媒体具备较强动员能力的社会基础。几十万人甚至数百万人通过社会化媒体提供的网络交互平台，在较短时间内针对具体社会议题展开交流，并在情感与理智上相互感染和影响，一旦有明确目的及导向的意见领袖发动组织或介入引导，社会动员效果可想而知。10余年前发生在厦门和宁波两地的抵制 PX 项目行动、多个城市的抵制日货活动，都有网络动员过程。除了产生线下行动的事件外，大量网络热点事件也是通过网上动员聚集民意，并形成声讨或声援，如反对日本"入常"的网络签名行动、为自然灾害遇难者发起的网络悼念活动等，都是如此。

### 2. 强大的议程设置能力为社会动员提供媒介环境

社会动员对于媒体而言，本质上就是一个议程设置过程，即用媒介议程影响公众议程，最终影响公众的态度与行为。可以说，媒介设置议程的能力与效果直接决定了其社会动员的水平与效果。在这个过程中，从媒介议程到公众议程的作用时间就成了十分重要的因素：一旦热点不能迅速聚焦，舆论就无法形成，社会动员也就无从谈起。

议程设置理论的提出者麦库姆斯发现，从媒介议程到公众议程需要 2～6 个月。[①] 这是针对传统大众传播媒介而言的。在社会化媒体建构的社会网络中，时间大大缩短。网络舆情研究领域总结出了一个 "7 天传播定律"，指一般网络舆情的传播演化周期只有 7 天左右。尽管这并非一个规范性的研究结论，但据观察，它与大部分舆情事件的情况吻合，如 2009 年 5 月 7 日的 "杭州飙车案"，从撞车事件发生到引起网络关注，并迅速在论坛上演变成对 "富二代" 的口诛笔伐和对公安机关 "欺实马" 的戏谑与嘲讽，间隔仅十几小时。此后几天里，网络舆情持续发酵，直至 5 月 15 日杭州公安局召开新闻发布会，并为此前认定车速 "70 码" 向社会公开道歉。此后舆情开始明显降温。

3. 网络公共表达成为动员过程的重要环节

通过社会化媒体完成的网络动员，有些案例仅止于网络空间，如人肉搜索和网络签名等网络行为；另一些案例则是网上言论与网下行为的相互配合，如网络抵制行为和网络维权行为，其过程中的主要环节都是先引起网民广泛关注，随后在社会化媒体的信息交流与互动中形成网络舆情，进而发生网下群体行动。而公共表达是网络舆论形成过程的重要环节和构成要素。对于仅发生在网络空间的动员，公共表达本身就是动员的全部过程与表现形态，它完成的是情感上的动员，其结果是形成某种有明确指向的主流观点，对具体事件的发展与解决构成舆论压力；对于网上网下配合完成的社会动员，公共表达的作用则是推动网上情感动员与网下具体行为的结合，即网上动员、网下实施。

对于在网络公共表达及动员过程中使用的情感表达，有研究者总结为 "悲情" 与 "戏谑" 两种。[②] 前者常伴有同情与义愤的情感，多出现于网络维权、网络抵制（抗议）等动员过程中，如抵制家乐福、抵制日货和 "杭州飙车案" 等；后

---

① 朱海龙. 人际关系、网络社会与社会舆论：以社会动员为视角 [J]. 湖南师范大学社会科学学报，2011（4）.

② 杨国斌. 悲情与戏谑：网络事件中的情感动员 [M] // 邱林川，陈韬文. 新媒体事件研究. 北京：中国人民大学出版社，2011：51-61.

者带有嘲弄或讽刺的成分，多出现在网络反腐、人肉搜索、网络恶搞等动员过程中，如"'表哥'杨达才事件""雷政富性爱光碟事件""铜须门事件"等。总之，没有网络公共表达的配合，网络动员就无法实现。而且，一轮公共表达的完整呈现，其过程本往往就是一次完整的网络动员。

当前，微博已成为成本低廉、操作方便的新型社会动员工具。在传播实践中，微博动员作为互联网社会动员的一种常见形态已为社会所熟知。网络工具的客观性使其既可为普通民众服务，也同样可以为权力机构效力。当微博为政府权力机构合理运用时，其社会动员功能同样能得到有效发挥，从而加快社会整合。

但我们应清醒地看到，纯粹在虚拟空间中发动的社会动员，实际效果其实仍然有限。大多数社会运动，特别是那些大规模社会运动的动员，依然离不开传统意义上的组织、社会网络和空间环境。所以，我们在研究和分析社会化媒体的社会动员与社会整合功能时，也不必过分乐观和夸大。而且，社会化媒体目前还在发展变化之中，其与中国社会的互动过程及结果还需长期观察。

## 二、社会化媒体公共表达的困境

### （一）消解话语主导权的同时冲击了主流价值体系

"消解"是指促使系统性结构或结构中的某些构成要素从有到无的过程。[1]社会化媒体作为一个后来者，其内容生产、传播方式迥异于第一代网络媒体，并因此取得了日益增长的市场份额和社会影响。而现实社会中的空间与权力总量是相对稳定的，没有消解就没有建构，没有争夺就没有获取。社会化媒体在新传播格局中取得的生存空间与话语优势即来源于对传统的消解和对自我身份的建构。

所谓话语权，在强势方则为话语霸权，其存在以"中心—边缘"二元对立式的权力分配格局为前提，相关的制度设计则为其延续提供保障。传统观点认为，

---

① 程曼丽. 从历史角度看新媒体对传统社会的解构 [J]. 现代传播（中国传媒大学学报）,2007（6）.

社会具有相对稳定的结构，即社会系统。而结构是有中心的，且中心是唯一的。这个唯一中心不仅要调整、平衡和组织结构，从根本上说，还要保证结构的组织原则能够对我们称之为结构的东西做出限制。[①] 在大众传播模式占绝对主导地位的时代，信息传播的权力和社会政治、经济及文化领域的权力分配一样，都是根据这种"中心—边缘"模式来划分。换言之，权力都是由中心垄断性占有。这种垄断依靠三个条件得以完成：（1）信息生产和发布技术门槛较高是前提；（2）大众传播模式是社会文化基础；（3）传播管理体制是外部条件。

互联网诞生后的第一代网络媒体其实已在一定程度上撼动了传统媒体建构起来的话语主导模式，众多学者的礼赞已经说明了这一点。只是它又凭借大众传播模式迅速建立了一个自己的话语主导模式，这一模式与传统媒体并无二致："中心—边缘"的二元对立，民众无法享有真正意义上的话语权。直到社会化媒体应用普及，这种话语权分配模式才遭遇真正的挑战。

1. "去中心化"消解话语主导权

首先，在技术构架上实现了去中心化。社会化媒体站在互联网信息传播技术的基础上，且比第一代网络媒体走得更快、更远。它在进一步摧毁传统媒体话语主导权的同时，也消解了第一代网络媒体经过近 20 年逐渐确立的话语权中心地位。

第一代互联网的技术本质是"人机对话"。虽然其宏观构架在理论上是无中心的节点分布式，但落实到中观或微观层面，网站与网民个体之间（技术上则是网站的服务器与网民的个人电脑之间）并不是平等的主体间关系。其技术基础是静态或动态的 Html 语言[②]，通过这类语言建立一个个供人们阅读的发布平台，并且信息内容之间可由一个个超文本链接而成。直白地说，第一代互联网就是一个内容庞杂的阅读器，其本质是"人机对话"。而且，这时的网站主机和服务器并

---

① 王治河. 后现代哲学思潮研究 [M]. 北京：北京大学出版社，2006：69.

② 超文本置标语言，即 HTML（hypertext markup language），是用于描述网页文档的一种置标语言，即为"网页创建和其他可在网页浏览器中看到的信息"设计的一种置标语言，也是第一代网页发布语言。

不是一个价值中立的存在，也不是一个与生产过程无涉的空间出租者。所以每家网站（如商业门户、新闻网站、搜索引擎等）因其生产过程的技术和管理需要，自然形成了一个个信息生产中心，也就是话语权中心。这个特点从百度的竞价排名功能中可见一斑。

第二代互联网的技术本质则是"人人对话"。对于社会化媒体所代表的第二代互联网而言，其技术基础是基于六度分隔理论、XML语言①和 AJAX 技术②，以及名目繁多的社会化软件（social software）。社会化软件是"支持全体交互的一类软件"，它是社会化媒体存在的技术基础，也意味着"个人带着软件成为社会网络的一部分"。其特点有三：（1）社会化软件首先是个人软件，是个人参与互联网络的工具，个人软件突出了个体自主性的参与和发挥；（2）社会化软件构建的是社会网络；（3）社会化软件是个人主体性和社会性的统一。③显然，这是不同于第一代互联网的技术工具，它的目标不再是建立站点并发布内容，而是提供空间和技术环境，并帮助人们方便快捷地建立社会网络和自组织群体。因此，其本质是经由网络实现"人人对话"。

其次，传受双方的统一实现了传播权的去中心化。与第一代网络媒体相比，社会化媒体平台的所有者（机构）并不参与内容生产，除了内容发布规则的制定与维护以外，它们更多情况下是作为价值中立者存在。这些机构虽拥有容量巨大且不断扩容的主机和服务器，但只是将空间免费提供给网民使用。而信息生产者则是由原来的信息消费者变化而来，他们由网民发展成社会化媒体用户，并开始随心所欲地从事"用户生产内容"的工作。大众传播时代习以为常的生产者中心地位不复存在，我们能看到的是一个个网民主动承担着海量内容的生产与发布任务，他（她）们被兴趣、热情或者扬名立万的动力驱使，在博客上撰写长篇大论、

---

① XML 代表 eXtensible markup language，意为可扩展的置标语言，因其良好的扩展性被用作第二代网页发布语言。

② AJAX 即 asynchronous JavaScript and XML（异步 JavaScript 和 XML），它不是一种新的编程语言，而是指一种用于创建更好更快以及交互性更强的 Web 应用程序的技术。

③ 互联网实验室. 社会软件不完全手册 [EB/OL]. [2018-05-01]. http://hot.chinalabs.com/internet/scsoft/index.html.

在论坛上激烈辩驳、在微博上畅所欲言、在百科编辑中引经据典……

也就是说，社会化媒体崛起后，沿袭传统媒体大众传播模式的第一代网络媒体的主导权开始动摇，并逐步让位给基于人际传播、多元互动的网众传播模式。至此，传统的、以机构为中心的话语权垄断格局被消解，权力的杠杆开始前所未有地向社会公众倾斜，社会化媒体及其使用者成为政治权力与商业力量共同关注、研究甚至迎合的对象。一句话，新的话语权分配格局出现。

最后，主体与内容的碎片化消解了中心化。社会化媒体带来的碎片化已突破内容层面，进入主体层面。其实，主体的碎片化与内容的碎片化是一对高度关联的事实，甚至就是同一事物的两面。

如前文所述，包括第一代网络媒体在内的大众传播模式下，传播主体是在法律和经济上对媒体拥有所有权的机构，信息传播者与媒介所有者的身份是统一的。这种统一导致了传播主体身份的确定性和传播权力的集中化，也使广大的信息接受者处于身份模糊、被动和无权的地位。但社会化媒体的内容生产与发布不再遵循大众传播模式，媒体的所有者历史性地从前台隐身幕后，不再作为信息生产者存在。这时的传播主体已从高高在上、大权在握的传播机构变成一个个碎片化的但又可以通过媒体平台互相连通的个体。正是这种"用户生产内容"的网众传播模式，在实现传播主体碎片化、多元化、自主化的同时，成功消解了传统媒介及第一代互联网环境下传播主体的中心化和一元化。

传播主体碎片化的另一面就是信息内容的碎片化，这是一个顺理成章的逻辑过程：主体实现了碎片化，传播就没有了宏大叙事与整体规划；散落在世界各地的生产者根据自己个性化的兴趣与需求来生产内容，这些内容呈现出来的格局必然是无整体感、多元化、"小叙事"型和不确定的。简言之，是碎片化的。关于内容的碎片化，本书第三章第二节分析社会化媒体特点时已有详细分析，此处不再赘述。这里要强调的是内容碎片化的结果，即消解了大众传播模式下内容有系统规划的整体感及有明确目标的宏大叙事，进而消解了依附在整体感和宏大叙事背后的传媒话语权及意识形态主导权。

## 2. 文化生产机制打破精英的文化垄断

文化是一个复杂的存在物，现存的分类标准繁多。如果按照群体属性的标准，可划分为精英文化、大众文化与民间文化。这是伴随着 20 世纪 90 年代的文化研究热潮流行于中国学术视野的一种分类方式。[①] 其中大众文化是指城市市民阶层创造和传承的文化，民间文化则是指广大农民创造和传承的文化。在以网络为平台的文化分析中，难以精确区分市民与农民，而且社会转型时期农民身份日益模糊，其文化特征也越发不鲜明。因此，为叙述方便，笔者将原有以市民为主体的大众文化和以农民为主体的民间文化合称为大众文化，即按群体差异将文化分为精英文化与大众文化两类。但不论是两分法还是三分法，在 20 世纪 90 年代以前，脱胎于传统士大夫文化的精英文化一直占据着中国文化的主导位置，即成为主流文化。90 年代以来，以市场为导向的经济改革和相应的社会变迁推动了大众文化崛起，开始挑战并逐渐取代精英文化的主导权。但根据人类学学者高丙中对 20 世纪 90 年代中国文化格局的分析，当时的精英文化与大众文化在创造主体上并无区别，两者其实都是知识分子的创造物，只是在内容取向上存在差异：前者是自律的（依据知识分子圈内的审美标准评判），注重经典意识导引下的独创性和首创性；后者是他律的（依据普通人的接受性来评判，因为作品的目标读者是知识分子圈外的社会公众），注重商业价值的实现。[②]

但这种以知识分子主导文化生产的状况在网络信息时代开始发生变化。社会化媒体的崛起与广泛应用更是彻底改变了传统的文化生产机制，并进一步消解了精英阶层的文化权力。

文化权力在本质上也是一种话语权，但与传播机构的话语权是对新闻信息生产、传播工具、传播渠道的垄断不同，文化角度的话语权更多是指宽泛意义上的文化内容生产、生活方式打造及价值观的引领等，即对于整个社会生活从意义建

---

[①] 高丙中. 精英文化、大众文化、民间文化：中国文化的群体差异及其变迁 [J]. 社会科学战线，1996（2）.

[②] 高丙中. 精英文化、大众文化、民间文化：中国文化的群体差异及其变迁 [J]. 社会科学战线，1996（2）.

构角度所进行的创造与主导。在这个相对宏观的视野中，从以门户网站为代表的第一代互联网到以社会化媒体为代表的第二代互联网，它们对于文化生产及文化引领作用的改变是清晰可辨的。从这些年的时尚潮流、流行词汇到大众追捧的畅销书及各种美容养生技巧等可以看出，其中的大部分是由网络媒体和社会化媒体提供标准或范本。

但文化是一个复杂的场域，我们对社会化媒体在其中的影响作用也不能过度阐释。正如卡斯特所言，信息时代的权力战斗是文化的战斗。媒体是他们主要的战场和战斗工具，但媒体本身不是权力的所有者。权力所具有的强制行为能力，存在于信息交换与象征操弄的网络中，经由图像、发言人与知识的扩音器，与社会行动者、机构／制度和文化的运动等发生关系。①

## （二）语言追求个性化创造带来低俗化后果

巴尔特（Roland Barthes）认为，无论从哪方面看，文化都是一种语言。② 从另一个角度，我们也可以这样理解：语言乃是一种文化存在。但作为文化的语言，其表达、理解与交流都必须依赖一定的规则才能进行。而规则的制定与实施，在本质上也是一个权力的分配与确认过程。当然，这种权力只是文化软权力，跟前文阐释的话语权同义。

主流汉语的符号系统及相应的规则系统是千百年来中华民族文化发展的结果，它方便了文化共同体中的人们无障碍交流，增进了社会不同阶层之间文化共识的达成。但符号及规则的构建过程自然也是不断地将不同地方、不同群体的鲜活语言实践纳入主流话语权力体系的过程。就像普通话之于方言，书面语之于口语。

对于活跃在社会化媒体中反抗意识强烈和创造力旺盛的青年网民来说，他们似乎轻易地找到了挑战潜藏在主流汉语表达中的话语权力的有效手段。其实现

---

① 曼纽尔·卡斯特．千年终结［M］．夏铸久，等译．北京：社会科学文献出版社，2006：331．
② 周宪．超越文学：文学的文化哲学思考［M］．上海：上海三联书店，1997：186．

的具体方式除了前文指出的形式要件（如符号化、数字化、口语化、谐音简化）、内容要件（意义含混、不确定），以及隐藏于形式与内容背后的精神状态（个性化、随意性）等，还有更为隐蔽的权力解构特征：以"方言"颠覆普通话、以男性化消解男女平权、以鄙俗化消解高雅精致。

1. 以网络语言颠覆普通话

与主流书面语言及口语相比，网络语言可称为一种方言，即一种在网络社会创造和使用、"虚拟真实"的语言。随着社会化媒体的发展，网民在网络世界中生存的内容和方式日益与现实社会生活对接，网络语言对于网下世界社会主流文化的影响不能等闲视之。很多网络语言的使用及表达习惯已开始渗透到青少年的学习、工作的正式文本写作中，连传统的大众媒介也难以避免使用网络语言。[①]这在引起教育工作者及语言研究者担忧的同时，也说明网络语言作为社会方言有着挑战甚至颠覆社会主流语言使用习惯的强大力量。

2. 以男性化视角消解男女平权的追求

网络语言的男性化特征鲜明。也就是说，网络语言的创造者和使用者是由一部分男性网民主宰。这也使得网络语言具备了浓厚的男性化特征，主要体现在对不同性别角色的描述上。首先是网络用语中与女性相关的词语明显多于与男性相关的词语。这种性别指称的非对称显示了男性视角的主导。其次是网络语言在指称女性的很多用语上隐含了对女性的轻视或歧视。有论者认为，这种现象是因为后现代主义激活了男性网民改造话语的意识[②]，导致他们积极创造以男性为中心的语言，进一步将女性形象刻板化和污名化，挑战并颠覆主流话语和意识形态中对于尊重女性、男女平权的倡导。当然，更为根本的原因可能在于，当下社会本质上还是一个男权主导的社会，社会化媒体上的文化创造现象只是将其夸张地呈现出来。

---

① 朱四倍. 传统媒体要警惕"网语倒灌"[J]. 青年记者, 2016（16）.

② 李晓琳. 后现代主义与网络语言 [J]. 语文建设, 2011（12）.

### 3. 以鄙俗化表达消解书面语言的雅致

千百年来，在诗经歌谣、乐府楚辞、唐诗宋词和各派古文的浸染下一路走到今天的汉语书面语言无疑是文雅、含蓄而精致的。而当下网络语言的主流特征恰好与此形成对抗。青少年网民群体张扬个性、崇尚自由，以反语言标准化为特征进行创造性表达。其结果的一个侧面，就是网络语言走向鄙俗化，颠覆和消解了传统书面语言的文雅、含蓄与精致。

教育界和学术界对网络语言的鄙俗化时有批评。如文艺评论家李敬泽在接受关于网络语言的采访时认为，网络语言塑造了新一代网民的精神气质，追求语言的粗疏化和幼稚化，追求低智商生活，以此否定和摆脱现实强加给他们的责任。[①] 著名作家冯骥才也认为，"网络语言给我们的民族语言带来了冲击，甚至造成了一定的'烧伤度'……影响了中国传统文化的含蓄、严谨和精致"[②]。

但我们更愿意将这种现象看作一种文化上的反叛与对抗：低收入、低学历、相对弱势的青少年群体运用夸张、粗俗、直白、恶搞的表达方式，合法地挑战主流社会的语言符号系统和既定规则，消解语言形式及内容上的文雅、含蓄与精致，颠覆标准化的规则与主流共识，变相实现挑战和消解权力的目标。——尽管他（她）们在创造和表达过程中有时是无意识的。

## （三）热衷于宣泄与反抗，但疏于价值观与文化重建

恶搞是青年亚文化在网络上的反映。受内在的生理因素驱使和外在的社会环境影响，青年人普遍存在减压宣泄、反抗叛逆、猎奇好斗和自我表现等心理和行为动机。这些都通过利用创作自由、匿名表达、惩戒代价小、交互性强的社会化媒体平台得以展示和满足。尤其是反抗叛逆的需求，直接推动和导致了青年网民创作的诸多作品追求对主流文化及其蕴含价值观的消解与颠覆。

---

① 小钟. 网络语言，正在流行的新方言 [EB/OL]. (2000-12-01) [2018-05-01]. http：//www. chinanews. com/zhonghuawenzhai/2000-12-01/new/（27）%201.html.

② 网络语言应当"去粗取精" [EB/OL]. (2001-03-12) [2018-05-01]. http：//news. xinhuanet. com/it/2001-03/12/content_17339. htm.

1. 对原作品进行对抗性解读

对抗性解读的概念，源自英国文化研究学者霍尔（Stuart Hall）的《电视话语的编码和解码》一文。霍尔认为，受众对媒介内容的理解和解释与他们在社会结构中的地位和立场相对应。因此，霍尔将受众的解码方式分为三种：霸权式解读（主导式立场）、协商式解读（协商式立场）和对抗性解读（对抗式立场）。对抗性解读是指受众在理解媒介内容时采取对抗立场，即受众"有可能完全理解话语赋予的字面和内涵意义的曲折变化，但以一种全然相反的方式去解码信息"①，其后果是受众解码的结果与编码者所欲传达的意义背道而驰，导致编码者的传播意图被消解。

社会化媒体上流行的恶搞作品大多是上述"对抗性解读"的结果。一般而言，恶搞者并非不理解原作品，而是有意为之。原因就在于恶搞者对原作者及其代表的文化权力不信任、不屈从并试图颠覆它，借此张扬青春与个性。有网友这样说："为什么有恶搞？因为世上有太多道貌岸然在那里，有宏大叙事一统江湖，有精英意识妄想千秋万代。而野百合也有春天，一个草根也要发言，也想把自己的想象力发挥出来，把内心的感受发泄出来。"②

2. 消解主流文化及其价值观

2012 年是杜甫诞生 1300 周年，诗人不经意间成为网络名人，一系列关于杜甫的形象建构在微博上名噪一时。在这些对语文课本图片的再创作中，杜甫时而手持机枪，时而挥刀切瓜，时而身跨白马，时而脚踏摩托，时而肩扛糖葫芦，时而化身盲人按摩师……这一系列戏谑式作品被网友戏称为"杜甫很忙"。在这些涂鸦作品建构的意象中，杜甫的忧国忧民、穷困潦倒的"诗圣"形象被彻底消解和颠覆，成为一个后现代式身份多变的网络红人。"杜甫很忙"是网络恶搞行为消解主流文化及其价值的生动例证。

对抗性解读的结果从认知和文化上讲不是建设性的，而是破坏性的。如此

---

① 罗钢，刘象愚. 文化研究读本 [M]. 北京：中国社会科学出版社，2000：358.
② 王楠. 恶搞，"刀尖上的舞者"：网络恶搞风起云涌 [J]. 中国社会导刊，2006（19）.

一来，恶搞从个体层面完成了发泄、娱乐和释放，并颠覆了一些广为人知的文本（电影、小说、散文、图片等），但从社会层面看，众多个体的恶搞行为和恶搞心态汇集的结果，是精英文化和主流文化及蕴含的主流价值观的颠覆与消解。严肃的东西不再严肃，神圣的东西不再神圣，崇高的东西不再崇高，宏大的东西不再宏大，一切不过如此而已。这一方面当然可以看作民间话语权力的胜利：恶搞成了对抗精英文化和中心权力的有力武器，是打破传统文化禁锢的标志，也增强了民间话语表达的自主权和信心。另一方面，在具备后现代特征的大众文化时代，恶搞成了一种文化消费方式。但仅有作品生产还不能形成市场，众多的围观、转发、互动才形成文化市场消费的完整链条。同时，这些产品中还大量存在着内容拙劣、思想内涵肤浅的东西。人们在享受创作自由、消费平等、消解权威带来的快感的同时，也许已经不自觉地坠入为反叛而反叛的陷阱。

### （四）划线站队超越真相与是非

公共表达中的划线站队现象由来已久。无论是春秋战国时期的百家争鸣还是唐宋两朝的党争，以及清末社会精英阶层的三次大论战[①]，划线站队都是其中的常见现象。据学者考证，讨论社会公共话题时的划线站队源于中国文化的深层结构，即一人必须由二人（群体）去定义，人的存在只能通过社群来体现，"被罩在人情的磁力场内的中国人，'心'必然发达于'脑'，因此往往很愿意参加别人的'统战'游戏"[②]。在论坛和微博的公共话题讨论中，网民不问事实真相和是非标准，而是根据所属阶层、固有立场来划线站队的现象十分常见。广为人知的"方韩大战"[③]就是显著的一例。

---

① 分别指 19 世纪 50 年代洋务派与顽固派的争论、90 年代维新派与守旧派的争论以及 19 世纪末革命派与保皇派的争论。

② 孙隆基. 中国文化的深层结构 [M]. 桂林：广西师范大学出版社，2004：71.

③ 2012 年 1 月 15 日，IT 人士麦田发表博文《人造韩寒：一场关于"公民"的闹剧》，质疑韩寒作品代笔。此文引发的网络口水战持续到 2014 年，成为一场多方参加的大混战，被统一命名为"方韩大战"。双方主角分别是方舟子和韩寒。主要论战在 2012 年底结束。2014 年韩寒导演的电影《后会无期》上映后，清华大学教授肖鹰发文质疑寒韩，再起争端。但"方韩大战"最终还是没有结论，不了了之。

"方韩大战"从 2012 年初持续到 2014 年下半年，在国内文化圈引起广泛的关注，许多社会名人，包括作家、学者、媒体人、演艺界人士等，主动加入或被动卷入其中，还有数以万计的普通网友参与论战，甚至海外华人作家、学者也有介入争论的。"方韩大战"的主阵地是社会化媒体，以微博、论坛最为热闹，博客次之。这场论战最鲜明的特征之一就是双方的支持者各自划线站队，一时间口水四溅，逻辑不足就以叫骂和互相贬损来补充。其持续时间之长、舆情之汹涌，可谓当年的一件盛事。事后有研究者回忆称："今天看方韩大战，本来也是一个可供讨论的话题，发展到最后就是方粉成了韩黑，韩粉成了方黑。这种零和思维还是很恐怖的。"①

更有说服力的是博客作者王琦雄细致的观察和统计。该网友先后以三篇博客文章完整呈现了 2012 年 1—5 月方韩论战的主要过程以及其中的关键节点，并统计了双方阵营中社会名人的构成情况。②

尽管也有观察者对这次论争的意义给予比较积极的评价③，但这次论战很真实地将中国人在社会化媒体上参与公共表达时乐于划线站队的特点表现得淋漓尽致。这种择边站队的网民不论出于何种动机，其急于站队时所表达的观点大多罔顾事实与逻辑。或者说，在他们心目中，"阵线逻辑"超越了"事理逻辑"。纷争当前，很多网民往往先入为主、预设立场、抱团站队乃至上纲上线；用立场回应立场，用抱团对待抱团，用站队来简化复杂情境，尤其是事件的是非曲直和背后的深层原因。

正如舆情研究者祝华新总结中国网络舆论特点时所说，"网上的很多活跃网友拉一拉就是朋友，推一推就是敌人"④。这也可以看作对网民乐于站队，或者将是非简单化、绝对化以及非此即彼、非敌即友思维的一种婉转的概括。

---

① 石岩. 2014 年的中国网络舆情：拉一拉就是朋友，推一推就是敌人 [N]. 南方周末，2015-01-24.

② 王琦雄."方韩大战"的名称、战役战况及其最新进展（中）[EB/OL].（2014-04-24）[2018-05-01]. http：//blog.sina.com.cn/s/blog_6a7b989c0101jno9.html.

③ 参见石毓智. 方韩大战的社会文化意义 [EB/OL].（2012-06-20）[2018-05-01].https：//tieba.baidu.com/p/1627958094?red_tag=0564749013；朱珠. 网络公共空间的身份认同研究：以"方韩大战"中网络用户表现为例 [J]. 文史月刊，2012（3）.

④ 石岩. 2014 年的中国网络舆情：拉一拉就是朋友，推一推就是敌人 [N]. 南方周末，2015-01-24.

### （五）利益诱导和意见领袖操纵侵害公共领域的健康发展

从论坛到博客，再到微博和微信，社会化媒体的发展史，也是国人对中国公共领域不断寄予厚望的历史。但纵观 10 余年来社会化媒体更新换代的过程，用户数节节攀升、运营商凯歌高奏的背后，却是公共性依然缺失的现实。微博并没有承载人们对中国式公共领域的美好想象一路向前。2014 年以来，它在保持商业上攻城略地和内容上喧嚣繁荣局面的同时，往日生产并承载公共话题的辉煌已逐渐消退: 热闹的是娱乐和宣泄，而不是公共表达。所以，2016 年里约奥运会期间，"洪荒少女"傅园慧的粉丝量一夜之间可以超过 500 万人，同样发生在奥运档期的王宝强离婚事件也可以深夜点燃微博，5 小时内达到千万人次的流量，10 小时内话题量直逼 20 亿人次[①]。而每当有争论的话题出现，讨论区就被汹涌的网络语言暴力和口水战淹没。

对微博公共性的失望，在使用者、观察者和研究者中都不是个别现象。华东师范大学历史系教授许纪霖从微博的技术逻辑出发，否定了微博建构公共空间的可能:"微博是一个广场，是面对无数陌生人在说话，无数陌生人也在回应，而广场是不能讨论问题的。这里，很重要的技术原因在于，140 字很难把事情说清楚，但适合表态，容易带来极端的观点，这就是广场效应。不是靠温和的说理，而是靠'力'以及转化的'势'，即以势取胜，而不是以理取胜。"[②]

有些知识分子抱着积极参与公共事务的心态使用微博，一段时间后发现众多参与者的思维明显非理性，语言的暴力色彩强烈，根本无法正常讨论问题，且会影响自己的心情和读书做学问的状态，于是失望而去。

2014 年后，很多对微博感到失望的网民又热情地投身微信，希望能在微信平台上寻找到更理想的公共表达空间。但情况也并不尽如人意。微信与微博最

---

① 罗东.在微博上，怎么就不能好好说话了？ [EB/OL].（2016-08-17）[2018-05-01].https：//www.sohu.com/a/110880032_114954.

② 许纪霖.为什么微博充满了语言暴力？ [EB/OL].（2016-08-20）[2018-05-01].http：//blog.ifeng.com/article/45828412.html.

大的区别在于，其社会基础是熟人圈，微信朋友圈功能和公众号功能的推出也的确增加了公共性，提供了讨论公共议题的可能。由于熟人关系的制约，参与者大多保持实名，所以发言较之微博显得更加有礼和讲理；同样由于熟人关系的约束，甚至受到现实世界中权力关系的掣肘，参与讨论者很难真实和开放地表达，加上微信圈子的相对封闭性，所以公共性也表现出明显缺失，甚至可以说是先天不足。

与传统媒体及第一代网络媒体相比，微博、论坛等社会化媒体毫无疑问将中国人同公共领域的联系前所未有地拉近了。自诞生之日起，它们也确实被网民和诸多研究者寄予厚望，但为什么短短几年后就逐渐令人失望呢？个中原因比较复杂，但也并不难拆解。

一方面，社会化媒体受到利益诱导和资本干预。我国发育中的公共领域明显遭遇商业利益和资本力量的侵蚀。以微博为例，从一些人气较旺的草根微博大号名称及内容定位可以看出，在"生产轻松娱乐（甚至低俗）内容、一整套养号和圈粉的成熟技巧、资本运作与广告收益"3个步骤背后，是普通用户、微博运营者和资本大佬三方地位悬殊的权力格局。2011年，正是新浪微博如日中天的时候，《创业家》杂志刊出一篇深度报道《草根微博操控者：账号养大能赚钱 靠兵团作战》揭示了微博圈里不为人知的商业和资本故事[1]。该文曝出的草根微博被少数运营者掌控和操纵的现象令人触目惊心。随着时间流逝，几年后微博的风光逐渐让位于微信，但这些曾经因为最早吃螃蟹而稔熟社会化媒体用户心理及新媒体运营之道的精明商人，已经掌握了在不同媒体平台间自由切换并轻松赚钱的法门。

另一方面，社会化媒体还易于受到意见领袖的操纵。网络意见领袖一直是个自带神秘面纱和炫目光环的群体，但在一呼百应的影响力背后，其实也是鱼龙混杂。从2013年8月微博"大V"薛蛮子被捕到秦火火（秦志晖）、立二拆四（杨秀宇）、周禄宝等网络名人涉嫌寻衅滋事、非法经营或敲诈勒索等罪名相继被刑拘并移送司法机关处理，主流媒体曝光出来的这些意见领袖的所作所为及动机，

---

① 卢山林，卢旭成，刘建强，等.草根牛博操控者：账号养大能赚钱 靠兵团作战[J].创业家，2011（5）.

不免让人瞠目结舌甚至大跌眼镜。曾经拥有 1200 多万粉丝的薛蛮子当年具有令人瞩目的网络影响力，被捕后他对媒体称："每天早上打开微博，看着粉丝发来的上千条求助的信息，我随手回复或转发，感觉就像皇上批阅奏章一样。"他随手帮别人转发一条募捐微博，一天就能筹到十几万元，七天筹到上百万元；经他推荐的企业或地方，都能迅速被广泛关注，人气提升很快，随即为企业或地方带来效益。有这样的影响和光环，粉丝对他的膜拜自然产生，"一旦有人在网上对薛蛮子微博上发布的内容提出质疑，不用他亲自出面，粉丝就会很快站出来替他说话，粉丝的言论就会淹没对方的声音"①。在维持影响力和商业利益两大目标的驱动下，意见领袖有意无意地操纵普通网民就成了必然。

此类现象不只存在于微博平台上。在几乎所有社会化媒体的传播实践中，意见领袖与普通网民在话语权和影响力上悬殊的差距均使前者对后者实施操纵成为可能，不论这种操纵行为是有意还是无意、善意还是恶意。社会化媒体平台上的普通网民为什么容易被操纵和掌控？根据勒庞的观点，在人群大规模聚集后，"乌合之众"便形成了。而社会化媒体中因公共事件或话题而聚集的网民正符合这一特征——"群众不善推理却善行动"，网民浏览了不足 140 字的微博后，便在缺乏充分思考和信息核实的情况下迅速评论或转发。海量转发背后，必然是多数人一时冲动，但其传播效果却大大超越了理性思考可能产生的影响。

### （六）众声喧哗中共识难求

对于"共识"一词，《现代汉语词典》（第 7 版）的解释为"共同的认识"②；《汉语词典》（"汉典"网络版）给出的解释是"一个社会不同阶层、不同利益的人所寻求的共同认识、价值、理想"③。

在微博中，即使最简单的争论也很难达成共识。微博平台上的情况是社会化媒体信息传播的一个缩影，论坛、博客、微信、知乎等平台上的讨论也大体呈

---

① 李恩树."薛蛮子"：每天看私信如皇上批阅奏章 [N]. 法制日报，2013-09-15.
② 中国社会科学院语言研究所. 现代汉语词典（第 7 版）[Z]. 北京：商务印书馆，2016：458.
③ "共识"词条 [EB/OL]. [2018-05-01]. http://www.zdic.net/c/1/31/77820.htm.

现这种"共识难求"的局面。"共识难求"可以说是当下媒介生态和信息传播环境下社会化媒体公共表达的一个显著特点。大家看起来是在参与公共表达和话题讨论，但大部分人是在自说自话，寻求共识的意愿很弱，达成共识的机会渺茫。

在公共表达中如何有效达成共识是一个复杂的问题。对此，个人经验层面的感性认知有一定的说服力，但角度微观、立场主观会导致科学性不足，所以还需要进一步的理性考察来补充。当然，共识达成度并不是一个常量，用"有"和"无"的标准还不如"多"和"少"的标准来得科学与客观。即使从生活经验的角度看，我们也无法斩钉截铁地宣称社会化媒体上展开的所有话题讨论都无法达成共识。人民网舆情数据中心从 2014 年起采用"舆论共识度"这一指标来衡量和分析国内热点舆情事件中"两个舆论场"的重合情况，这对本书研究社会化媒体中公共表达的共识度有一定的参考意义，虽然二者内涵并不是完全相同。

人民网舆情数据中心使用的舆论共识度（有时也直接称共识度）主要是指以党报、国家电视台、国家通讯社为代表的主流媒体舆论场和以互联网自媒体为代表的民间舆论场之间的交集。[①] 而本书分析的共识度是指社会化媒体这个舆论场（也就是网络舆论场）中的舆论共识度，即社会化媒体用户（网民）针对具体事件及社会问题经过讨论后形成观点和看法的一致性程度。但两种共识度也有部分相通之处。一般而言，网络舆论共识度高的舆情事件，两个舆论场的共识度不一定高；但网络舆论共识度低的舆情事件，两个舆论场的共识度则一定低。

那么，是什么因素在决定社会化媒体中公共表达的共识度？

一方面，共识度与舆情事件的性质及类型有关。一般而言，与现实社会中的网民个体利益相关度低的事件，讨论并达成共识的可能性相对较高。如人民网舆情数据中心 2015 年统计的 15 个热点事件（话题）中，舆情热度排名第 4 位的"网络红包传递新春祝福"和排名第 14 位的"屠呦呦获 2015 年诺贝尔生理学或医学奖"，网络上的声音比较一致。同时，涉及国际政治、军事和外交纠纷的事件，网络舆论的共识度也相对较高，如 2015 年的"纪念抗日战争暨世界反法西斯战

---

① 原碧霞.2014 网上舆情分析："两个舆论场"共识度增强 [EB/OL].（2014-12-29）[2018-05-01]. http://politics.rmlt.com.cn/2014/1229/365397.html.

争 70 周年大阅兵""国家主席习近平对美国进行国事访问""欧洲难民危机引发国际关注"等，网络上基本没有太多的争论。相反，对于官民关系、贫富差距、医患关系、权益纠纷等体现社会矛盾、与民生利益直接相关的议题，共识往往难以达成，激烈的争论甚至恶语相向的口水战屡见不鲜。

另一方面，共识度与意见领袖的参与及引导有关。在众多网络热点事件相关的信息传播中，有观点影响力的原创文章一般都是由意见领袖首发，继而被各种社会化媒体转发，从而形成程度不等的舆论风潮。所以，在一个具体事件的讨论中，网民参与公共表达时的立场及倾向受到意见领袖的影响不可小视。而且，即使是在主帖文章发布后，意见领袖往往还会继续参与后续讨论，因为大多数网民的意见表达和事实提供都是基于主帖的信息和观点来展开的。另外，当参与公共表达的网友之间因为意见相左形成争论时，意见领袖的介入并以站位更高的见识和理解来补充表达，也会起到一定的引导效果。意见领袖对于具体议题讨论中共识达成度的影响，可以细分如下：一是意见领袖自身的观点很明确且主观偏激时，引导具体讨论达成共识的难度就大；二是意见领袖自身观点表达理性客观，并且论证较为充分时，引导网友讨论达成共识则相对更容易。

网络讨论中共识达成困难的根本原因在于，现实社会中不同阶层、不同人群对社会基本问题存在认识上的分歧。社会化媒体作为一种支持"用户生产内容"的媒体对普通人有明显的赋权作用，但与传统媒体相比又弱化了内容的审核与把关环节，所以现实世界中的分歧与冲突在网络世界中被集中和放大地表现出来。

当然，社会化媒体平台上公共表达呈现出来的共识度也是一个不断变化的动态值，共识度高低有时还与阶段性的社会心理及主流媒体的信息供给和舆论引导有关。根据人民网舆情数据中心的研究，2011 年之前，网络舆论场内部共识度与网民对政府的认同度呈现负相关，即网民越是质疑和批评政府，网民内部就越是团结；但 2011 年后二者关系变为正相关，即网络舆论场越是质疑和批评政府，其内部争议就越多，而在对政府进行积极评价时则更显得团结一致。对此，资深舆情专家祝华新给出的解释是：这种变化与 2011 年后政务微博等主流话语开始大规模进入网络舆论场有很大关系①，即主流舆论及持理性观点的意见领袖二者的引导作用得以显现。

## 小　结

本章对社会化媒体上公共表达的功效与困境的分析是从宏观层面展开的，虽有经验事实及微观证据支撑，但更多依赖于文化分析与逻辑推演，而非通过实证研究实现。当然，要打开微观经验与宏观论述之间的通道，所需的中观手段通常只能是经验主义，或者像结构功能主义这样的中观理论，但它们的不足之处也是明显的。

从技术社会学和媒介社会学的角度来看，社会化媒体上如火如荼的公共表达产生了宏观的社会功效：一是确立了网众的主体地位——这是新媒介技术赋权的结果；二是对信息传播权进行了重新配置，导致了平权化格局；三是运用强大的社会动员能力推动社会整合（消解中的整合）。

正如经典传播学理论对媒介功能的分析模式一样，社会化媒体上公共表达的负面功能与正面功能同时存在，而负面功能的无法避免正是公共传播的现实困境所在。我国社会化媒体中公共表达呈现出来的局限和困境颇为鲜明：网众广泛参与内容生产与传播的新局面，在消解话语主导权的同时必然冲击传统的主流价值体系；具有青年亚文化特征的网络语言创造也带来语言低俗化的后果；带有中国转型期社会矛盾烙印，热衷宣泄与反抗的网络公共表达对主流价值与文化的重建功能尚待挖掘；网络讨论中的划线站队现象是对公共领域建构所需理性精神的消解；利益诱导与意见领袖操纵会侵蚀公共领域建构的种种努力。凡此种种，在看似众声喧哗的公共领域，公共表达更多呈现出表象的繁荣与喧嚣，而社会共识的达成还需要坚实且持久的多方努力。

---

① 石岩 . 2014 年的中国网络舆情：拉一拉就是朋友，推一推就是敌人 [N]. 南方周末，2015-01-24.

第七章

改善社会化媒体公共
表达的空间与可能

呈现在社会化媒体上的公共表达，起到的正面作用始终是主流，但负面效果也真实存在。处在转型期的中国社会需要健康发展，社会化媒体也应该在丰富多元的社会互动中运行，并推动社会稳步向前。所以，更重要的问题在于，作为信息传播体系的一部分，社会化媒体如何在呈现问题、表达诉求、宣泄情绪的同时，更好地承担理性表达、平等对话、积极建言、增进共识、推进民主和法治建设等社会责任。这个问题既关系到社会化媒体自身的发展，也直接影响社会的前进步伐。因为社会化媒体的信息传播已经深入社会有机体的各个层面，与社会发展形成了广泛而复杂的互动，并对后者构成了不可忽视的影响。正是在这个意义上，如何实现社会化媒体上述两种职责与功能的平衡，既蕴含理论价值，也具有实践意义。

每当一项传播新技术进入公众生活，总会引发"社会改良"和"社会进步"的联想和期待，互联网也不例外。自 1995 年互联网应用逐渐普及以来，"信息社会""传播革命""网络民主""电子政务"等概念迅速在中国大地上生根发芽。与此相关的各种想象、叙事和讨论也不断涌现，经过近 30 年的发展，有些已经从理论探讨走向社会实践。其中，社会化媒体带来的中国式公共领域想象与叙事就是一个颇具代表性的现象。

公共领域概念虽然出自西方学人的提炼和创造，但究其本质，它与社会制度、文化形态并无必然联系。换言之，无论哪种社会制度和文化环境，只要社会上存在公共事务，只要公共事务能在一定程度上被公开讨论，公共领域就会自然形成。区别仅在于，在不同国家或不同历史阶段，公共领域的表现形式和成熟水平有所差别。

根据本书第二章的论证，我们认为当下中国存在公共领域的雏形，基于互联网技术的社会化媒体是其典型代表。尽管它还不能与哈贝马斯所定义的公共领域等量齐观，但基本功能和性质已经具备。选择无视它或者继续停留在概念争论层面，既无意义也不必要。当务之急应该是，通过多方努力让这个尚不完善的公共领域发挥优势，克服弊端，健康成长，并为中国社会的现代化进程贡献一份力量。对于当下的各种社会化媒体，其平台特性、主体素质、对话质量、外部力量等，无疑都是影响其健康发展的重要因素。本章作为全书的结论部分，在充分考虑现实环境的基础上，试图为推动社会化媒体公共表达的完善提供一些理论思考和实践操作的可能方向。

## 一、在社会主义协商民主框架下寻求共识

"协商民主"（deliberative democracy）最早出现在美国学者毕塞特（Joseph Bessette）1980 年发表的论文《协商民主：共和政府的多数原则》中。[①]20 世纪 90 年代，在西方思想界持续反思和批判古典主义民主与西方近现代竞争式民主（代议制民主）的种种不足和弊端的基础上，协商民主逐渐成为一种引起广泛关注和讨论的热门理论。20 余年来，多个国家的研究者和政府部门（包括中国的基层政府）在这一理论的指导下开展过一些有意义的社会实践。[②]

由于观察角度和表达方式各异，不同的理论家对于协商民主这个基本概念的界定存在较大差异。但综合各种不同的定义，对协商民主的理解应包含两个重要方面：一是所有受到决策影响的公民都有权参与公共政策的制定，这是公民参与的方面；二是民主的决策应该是以公共协商为基础，支持或反对公共政策的主张都应该从能否增进共识的角度来论证，这是公共协商的方面。[③]

---

① 毕竞悦. 通过网络的协商民主：评桑斯坦的《网络共和国》与《信息乌托邦》[J]. 清华法治论衡，2009（2）.

② 实践案例可参见马奔. 协商民主问题研究 [D]. 济南：山东大学，2007；许奕锋. 协商民主在国家治理中的实践探索与逻辑使命 [J]. 上海市社会主义学院学报，2022（2）.

③ 马奔. 协商民主问题研究 [D]. 济南：山东大学，2007：38.

国内政治学领域的一些研究者认为，近百年，在人民民主国家、统一战线、新型政党制度和群众路线等理论的支撑下，我国已经成功开展了协商民主的社会实践和制度建构，并取得可观的成绩。其中，中国共产党领导的多党合作和政治协商制度、人民代表大会制度及其长期有效实践就是社会主义协商民主的重要成果。[①]

### （一）中国语境下的协商民主和网络协商民主

协商民主概念及相关理论虽然发端于西方，但是从本质上看，协商民主是为了落实人民主权的一种民主形式，它所包含的价值和制度安排对人民当家作主有着积极的作用。正是在这个意义上，国内学者以协商民主为理论框架，分析和探讨中国共产党近一个世纪的制度建设及社会治理实践，也是逻辑自洽的。

1987 年 10 月，党的十三大报告明确提出："必须使社会协商对话形成制度，及时地、畅通地、准确地做到下情上达，上情下达，彼此沟通，互相理解。建立社会协商对话制度的基本原则，是发扬'从群众中来、到群众中去'的优良传统，提高领导机关活动的开放程度，重大情况让人民知道，重大问题经人民讨论。"这里虽然没有直接使用"协商民主"的提法，但其蕴含的理念和操作要求已与后来逐渐成熟的协商民主精神十分契合。

2012 年 11 月，党的十八大提出"健全社会主义协商民主制度"，"协商民主"第一次写入中国共产党最高规格的文件；2013 年 11 月，党的十八届三中全会进一步提出"推进协商民主广泛多层制度化发展"。协商民主正式从地方性和局部性实践上升为国家战略，从政治领域扩展到经济、社会等各个领域，从一种工作方法上升为制度。[②]

---

① 参见王俊华．中西方协商民主理论渊源之比较 [J]．上海市社会主义学院学报，2022（4）；王金豹．建国以来社会主义协商民主的回顾与展望 [J]．特区实践与理论，2012（3）；陈家刚．我国的政党协商：实践、挑战与前景 [J]．信阳师范学院学报（哲学社会科学版），2018（2）；齐晓光．协商民主："中国之治"的有效路径：基于马克思主义理论特征视角 [J]．决策探索，2021（8 下）．

② 熊玠．把协商民主作为国家战略：《习近平时代》选载 [N]．学习时报，2016-06-30．

因此，有研究者提出，协商民主是中国经过长期探索，建立起来的符合中国国情的中国特色社会主义民主政治制度。实践证明，社会主义协商民主行之有效，具有巨大优越性，在整合社会关系、促进民主监督、提升决策效率等方面展现出独特优势，有力促进了中国经济健康发展、社会和谐稳定和人民生活改善。①

互联网以其固有的开放、平等、自由、互动和包容等特性，在很大程度上重塑了人们的社会行为和交往方式，也必然影响和改变协商民主的形式及内容。因此，网络协商民主成为现代民主的重要形式②，自然也是本书探讨网络公共表达现象得以借助的理论支点。把网络技术、社会化媒体环境与协商民主理念及操作方式顺利嫁接，培育和倡导"网络协商民主"精神，逐渐改变社会化媒体平台上网民探讨公共话题时的种种情绪化、非理性的表达方式和习惯，并消解其对于网络文化及实际社会生活带来的负面影响，是本书追求的一个重要目标。

协商的要义是理性交流，网络协商同样如此。以社会化媒体为平台的网络协商民主，与传统协商民主模式相比，在形式与内容上都有了较大的改观。一方面，从建构公共领域的虚拟性、容纳量、交流的即时性和通畅性等方面看，社会化媒体既突破了传统协商民主的时间和空间限制，也消除了传统公共领域要求面对面交流带来的私人性与公共性无法兼顾的矛盾，并扩大了公共领域的透明度和开放度；另一方面，社会化媒体基于社会网络而存在，其准入门槛低的特点极大拓展了协商民主的参与主体范围，并促进了协商机会的均等化、提升了主体表达的自由度。正是基于上述观察和理解，国内很多学者对网络协商民主的发展给予了乐观预期，认为互联网（尤其是社会化媒体）为现代协商民主的完善与发展带来了希望与福音③。

---

① 房宁．我国社会主义民主政治的特有形式和独特优势 [N]．人民日报，2018-11-25．

② 伍俊斌．网络协商民主的契合、限度与路径分析 [J]．马克思主义研究，2015（3）．

③ 伍俊斌．论互联网与协商民主的契合 [J]．新华文摘，2014（19）．

## （二）培育社会认同和社会信任，推动共识建构

公共领域是协商民主体系的基础和核心。[①] 当前环境中，我们应通过完善公共领域来创造产生共识的社会基础。而社会认同和社会信任的培育，是其中十分重要的环节。一旦缺乏社会认同和社会信任支撑，即便有大量公共议题引发关注，像样的讨论还是难以形成，一场众人热情参与的交流往往会在吵架、谩骂、起哄、围观、"站队"、"互黑"中不了了之，期待中的共识更是成为泡影。

社会认同（social identity）是来源于心理学的概念，根据社会心理学家泰弗尔（Henri Tajfel）的定义，"社会认同是个体认识到他（或她）属于特定的社会群体，同时也认识到他/她所获得的群体资格（group membership）带给他/她的情感和价值意义"[②]。即个体通过将自己归属于某一群体，内化该群体的价值观念，并接受其行为规范的过程。社会学家李友梅从社会学视角对社会认同作出的解释是："社会认同是一个社会的成员共同拥有的信仰、价值和行动取向的集中体现，本质上是一种集体观念，它是团体增强内聚力的价值基础。"[③] 本书正是从社会学视角而非心理学视角来使用社会认同概念。[④]

社会化媒体作为公共交流平台有助于社会认同的建构。其重要原因在于，它为政府与社会（官方与民间）的交流互动提供了现实可能。一方面。社会化媒体在信息传播中客观形成的舆论力量让政府有所触动且无法回避，于是或被动或主动地寻求利用这一新兴传播工具的机会。另一方面，社会化媒体的传播特性点燃了民众关注和讨论公共事务的热情，并通过赋权切实增加了民众参政议政的渠道与能力。运用键盘和鼠标，甚至只用手机，民众就能轻松便捷地就个人经历、公共事务、国内外时事发表见解。2011 年兴起的"微博问政"和十年后全国各级政

---

① 贺羡. 论协商民主体系中的公共领域 [J]. 探索，2015（4）.

② 迈克尔·A. 豪格，多米尼克·阿布拉姆斯. 社会认同过程 [M]. 高明华，译. 北京：中国人民大学出版社，2011：9.

③ 李友梅. 重塑转型期的社会认同 [J]. 社会学研究，2007（2）.

④ 社会学者周晓虹曾撰文论述两种视角的联系与区别. 参见周晓虹. 认同理论：社会学与心理学的分析路径 [J]. 社会科学，2008（4）.

府部门大力建设"两微一端一抖"信息发布矩阵的行为，就是政府积极运用社会化媒体工具加强与民众即时交流的重要表现，其表征意义和实际社会功效均不可低估。

社会信任、网络协商民主、社会共识三者的重要关系在于，其一，社会信任为网络协商民主提供对话交流的基础，这里的对话既可以在政府与民众之间发生，也可以在社会不同阶层之间发生，还可以在民众个体之间发生。信任是社会资本①的核心，一个社会的诚信程度越高，信任范围就越普遍，即国家与社会、政府与市场、公民与公民、公民与团体、公民与政府之间的信任普遍存在，这个社会也就越和谐稳定，越兴旺发达。其二，以信任为核心的社会资本能增进社会公众之间的认同，也即增进社会认同，进而增加社会共识达成的可能性。美国社会学家帕特南（Robert D. Putnam）认为，由于各种原因，在一个拥有大量社会资本存量的共同体中，生活是比较顺心的；公民参与网络孕育了一般性交流的牢固准则，促进了社会信任的产生。这种网络有利于协调和交流，扩大声誉，因而也有利于挣脱集体行动的困境。②总之，培育和增加以社会信任为核心内容的社会资本，能为社会认同度提高以及社会共识达成提供有力帮助。

## 二、建立自律与他律结合、张弛有度的网络规制

哈贝马斯认为，公共领域的成立必须具备两个基本前提：一是制度化的空间，二是法律的明文保障。在我国，以社会化媒体为代表的公共领域，尽管性质和功能还并不充分，但其稳步成长对于社会有效治理和国家长治久安意义重大。而且，进一步拓展和呈现公共性，也是社会化媒体生命力长青的保证。拓展社会

---

① "社会资本指的是社会组织的特征，例如信任、规范和网络，它们能够通过推动协调行动来提高社会效率。"社会资本主要是由与公民的信任、互惠和合作有关的一系列态度和价值观构成的，其关键是使人们倾向于相互合作、信任、理解、同情等。社会认同和社会信任是社会资本的重要内容。参见李惠斌.社会资本与社会发展引论 [J].马克思主义与现实，2000（2）.

② 李惠斌.社会资本与社会发展引论 [J].马克思主义与现实，2000（2）.

化媒体的公共性，前提就是保障公众参与公共表达的自由，也即践行网络协商民主的自由。

合理的网络管理与规制是在规范网络行为与促进网络发展之间寻找平衡点，也是在保障公民网络言论自由及网络经营者合法权益的同时维护正常的网络秩序，并让互联网这个子系统的有序发展有助于社会大系统的健康运行。所以，法治、有序、发展应该是制度设计者和管理者实施网络规制的基本原则。

### （一）外部规制：完善法律法规

2010 年 6 月 8 日，国务院新闻办发表《中国互联网状况》白皮书，明确提出"依法保障公民在互联网上的言论自由，保障公众的知情权、参与权、表达权和监督权"①。尽管这不是法律文本，但也可视为官方发言，是对民众享有网络言论自由的一种确认。在我国当前尚未出台新闻法的情况下，为保障网络言论自由，较为现实的选择是在现有法律构架内增加对言论自由的实施细则和保障条款，并且对互联网的有关法规进行修订，增加保障网民权利的条款，规范政府干预的条款和防止恶性竞争的条款，使政府对网络的管理能够依法进行，接受社会公众的监督，并对侵害网民权利的行为进行问责。②

社会化媒体只有在规范运行的前提下，才能更好地发挥协商民主功能。从根本上讲，对网络公共表达进行规范和管理，法律法规建设是关键。这是规范网络运营及网民个体行为的重要尺度。

对于政府而言，首先应明确为何管理、管理什么。这是制定规则的前提。有研究者考察美国的网络管理制度后认为，美国的网络管理是在各方面利益协调和权衡中进行的，其中互联网行业利益标准、公众利益标准以及特殊条件下的国家

---

① 《中国互联网状况》白皮书（全文）[EB/OL].（2010-06-08）[2018-05-01].http://politics.people.com.cn/GB/1026/11813615.html.

② 孙旭培．既要有本土化，又要有国际化 [EB/OL].（2015-05-15）[2018-05-01].http://study.ccln.gov.cn/fenke/xinwenchuanboxue/xwyqts/184512.shtml.

利益标准都分别在网络管理的立法和实践中得以体现。[①] 对于我国而言，网络管理，尤其是针对承担公共表达功能的社会化媒体的管理，应该充分考虑政府、市场和公众三方利益，尤其应当以公众合理利益为目标指向。政府管理应着眼于制定和完善法律，管理的重点应是减少市场负面效应，防止各种侵害公众利益和表达自由权利的行为。立足于社会有效治理和长治久安的目标，对网络公共表达内容的管理，应依法依规开展。"容忍小情绪，缓解大矛盾"，既是应该遵循的原则，也是管理智慧的体现。

另外，在技术管理层面，为促进公共表达和网络协商民主的有效开展，制度建设的重点还应着眼于加强电子政务建设。电子政务就其功能而言，由低到高主要有信息发布、在线服务及互动决策三个层次。[②] 过去，国家主要集中于单向的信息发布和双向的在线服务，但公民参与决策的功能并未得到足够重视。未来，要实现网络协商民主的有效运转，必须注重发挥政府线上互动决策功能，并接纳广大民众的网络参与。[③]

## （二）内部规制：加强行业自律

目前，国内学界针对网络空间的治理基本达成共识，即综合运用立法、行政、技术和行业自律等多种手段[④]，其中行业自律应逐步成为显性力量。行业自律不仅指互联网企业的自律，还包括所有网络用户的自律。自律意味着高度的自觉性，正如康德所言，"道德法则无非表达了纯粹理性的自律，亦即自由的自律，而这种自律本身就是一切准则的形式条件"[⑤]。自律准则通常由互联网企业和用户基于自愿而形成，其被自觉执行和遵守的可能性更高。所以，行业自律的引导作

---

① 王靖华. 美国互联网管制的三个标准 [J]. 当代传播，2008（3）

② 唐庆鹏. 网络协商民主的成长轨迹及障碍研究 [J]. 当代世界与社会主义，2015（5）.

③ 唐庆鹏. 网络协商民主的成长轨迹及障碍研究 [J]. 当代世界与社会主义，2015（5）.

④ 毛欣娟，张可，王新婷. 国外网络舆情规制经验及启示 [J]. 中国人民公安大学学报（社会科学版），2014（2）.

⑤ 康德. 实践理性批判 [M]. 韩水法，译. 北京：商务印书馆，1998：33.

用不应被政府的强力干预所淹没，在现有互联网管理框架下，应进一步凝聚行业组织的力量，完善其内部架构，强化行业主体的独立性和自主性，不断提升网络空间治理效能。

　　总之，对于社会化媒体的管理，政府应在依法保障言论自由和加强法治建设、完善外部规制的同时，积极推进行业自律，通过内部规制和文化建设，引导社会化媒体，尤其是具有实时讨论功能的论坛、微博建立自我约束、理性发言、平和讨论的对话规则。

## 三、培养对话精神，提升公共表达质量

　　"对话精神"并不是一个常见的表述，至今也无人对其作出准确界定。本书使用这个概念，是想从公民素养的角度说明对话者之间应秉持的一种理念和意识。具体而言，对话精神是指在人际交流和公共事务讨论中，对话主体应具备尊重对话者，有对话意愿，并且追求适度的沟通效率和效果的心理意识。

　　媒介使用者之间能够即时对话交流，这是社会化媒体与传统媒体及第一代网络媒体最本质的区别。使用者之间关于社会公共事务展开的对话交流就构成了公共表达。对话既要追求效率，也应追求效果。有时候即使在场的两个人你一句我一句，其实未必形成真正的对话。原因何在？没有对话意愿，缺乏对话精神，只是用形式上的对话来实现实质上的个人宣泄。

　　俄罗斯文学理论家巴赫金研究并提出过系统的对话理论。他把对话看作人类社会生活的本质和一切意义的源泉。他认为，人类社会生活不是个人的"独白"和"独语"，而是"交流"和"对话"，"一切莫不归结于对话……一切都是手段，对话才是目的。"[①] 在巴赫金看来，对话原则应以承认并包容平等的他人为前提，表达出一种人我平等的新型人际关系理想。

　　对话，可感的形式上是一种语言运用（网络对话主要表现为文字或符号运

---

① 巴赫金. 诗学与访谈 [M]. 白春仁，等译. 石家庄：河北教育出版社，1998：340.

用），放在公共表达语境下观察，则是群体心理和民族文化的反映。我国当下社会化媒体中网民的对话状态颇不理想，主要表现为：（1）对话意愿弱，喜欢自说自话；（2）表面参与对话和公共表达，实则借机发泄个人情绪；（3）语言偏激和暴力色彩浓厚；（4）缺少求同存异的宽容与理解，喜欢占领道德高地进行党同伐异，收获语言上的快感和精神胜利；（5）话语的逻辑性差，用情感逻辑和二元对立思维代替逻辑思辨。而这种对话状态体现在公共议题讨论上，效率和效果必定不佳。所以，论坛和微博中存在较多无效对话，结果是对话双方或多方既没有说服和被说服，也较少增进对事实和道理的了解。这种现象的普遍存在，从个体层面归因，就是对话精神的缺失；如果再进一步，也是公民意识和理性精神的缺失。

对话的过程应该是一个异中求同、同中求异的双向运动过程。对话要求对话人真诚、自由、坦率。真诚必须建立在平等基础之上，而平等以自由为先决条件。真诚的对话表现为"自由思想的流动"，不同意见可以无障碍地进入对话中，"给普通人以表达自己需要和希望的声音"，每个人不同的身份得到了认同。于是，个人不再淹没在大众的普遍性中，个体性得到充分的张扬，从而体现出信息时代的根本特征——"真正的个人化"。[①]

有感于国人对话精神不足和对话状态不佳，旅美华人学者徐贲撰写了《明亮的对话》一书，试图从话语逻辑习惯培养和公民精神培育的角度来提升公共表达质量。在徐贲看来，当前中国社会公共言论多显混乱戾气，公共对话往往蜕变为相互谩骂。非理性话语不仅仅是个别人话语的弊病，而是整个社会的公共病症。[②]因此，徐贲倡导培养公民"明亮对话"的习惯，即理性地对话、合逻辑地对话。

如何培养明亮对话的精神与习惯？徐贲主张从小培养说理习惯。"重视学生的理性话语能力，从社会作用来说，是一种帮助维护民主公共生活秩序的公民教

---

① 李智. 论网络传播中的对话精神 [J]. 北京行政学院学报, 2007 (1).

② 徐贲. 明亮的对话：公共对话也可以变得敞亮而恰当 [EB/OL]. (2014-02-27) [2018-05-01]. http://cul.qq.com/a/20140227/020780.html.

育。从公民修养、秉性来说，则是一种提高国民素质的人文教育。"① 从这个意义上讲，讲究逻辑和重视说理是公民素质的重要组成部分，也是完善公共表达的必由之路。

## 四、倡导表达自由与社会责任统一的文化自觉

公民享有表达自由的同时也需承担相应的社会责任。"表面上，微博是个人的麦克风，但粉丝和听众却是社会人，你说的话虽不一定是人命关天、财产万千，却应有是非曲直、善恶正邪。"② 这里针对的虽然是微博，但对社会化媒体的其他形态同样适用。

### （一）社会化媒体的责任就是作为个体的"人"的责任

如何界定社会化媒体用户的责任？哈耶克曾指出，"在现代社会中，责任感之所以被削弱，一方面是因为个人责任的范围被过分扩大了，而另一方面则是因为个人对其行动的实际后果不需负责"；他因此强调"追究责任的可能性"和"责任的有限性"之间的关系，"欲使责任有效，责任就必须明确且有限度，而且无论从情感还是从智识上讲，它也必须与人的能力相适应"。③

前文已述及，社会化媒体不同于传统的大众媒体，也有别于第一代网络媒体，它是以"用户生产内容"为特点，且基于社会性网络的互动交流而存在的个人化媒体。因此，在社会化媒体承载的网众传播和公共表达中，社会责任的主体与其说是媒体，不如说是作为使用者的"个人"（机构使用主体占比相对较低）。

至此，我们探讨社会化媒体的社会责任就有了三个前提：其一，跟表达自由

---

① 徐贲. 明亮的对话：公共对话也可以变得敞亮而恰当 [EB/OL]. （2014-02-27）[2018-05-01]. http://cul.qq.com/a/20140227/020780.html.

② 王本朝. 微博时代：说话的自由与责任 [N]. 光明日报，2011-02-27.

③ 弗里德利希·冯·哈耶克. 自由秩序原理 [M]. 邓正来，译. 北京：生活·读书·新知三联书店，1997：99.

应该有限度一样，社会责任也是有边界的，而且边界应该明确；其二，社会化媒体的责任在本质上是人的责任，因为个人，而非组织，才是社会化媒体的使用主体；其三，政府责任与个人责任不能相互替代，如果政府责任不明确，个体责任的界定也会存在很大困难。

### （二）"底线伦理"对个体责任的务实要求

在汉语世界，"底线伦理"是由北京大学哲学教授何怀宏率先提出并界定的概念。何怀宏认为，底线伦理即道德底线或基本规范，主要是相对于较高的人生理想和价值观念来讲的。[①] 这个概念意在强调，人们可以追求不同的生活方式或价值目标，但必须遵守一些基本规则，不能逾越一些起码的界限。探讨中国社会化媒体存在的问题和提供解决方案时，立足底线伦理形成基本共识，并据此寻求道德建设的动力和信心，已成为迫切需要。

"伦理"是指在处理人与人、人与社会的关系时应遵循的道理和准则；而"责任"是指一个人不得不做的事或一个人必须承担的事情。"伦理"与"责任"是有高度关联的两个概念，因为它们都指向处理个体与他人及社会之间关系的准则问题。而且，当我们谈及责任时，事实上就有一个"责任伦理"的概念蕴含其中。也就是说，责任本身就包含了伦理的要素。因此，由"底线伦理"走向"底线责任"在逻辑上有其合理性和连续性。

事实上，中国的媒体人和知识精英已在尝试建构网络传播中的底线责任。

2013年8月10日，多位网络名人齐聚央视演播厅，畅谈网络名人的社会责任，结论是网络名人应承担更多的社会责任。与会者最后达成共识，即共守"七条底线"：一是法律法规底线；二是社会主义制度底线；三是国家利益底线；四是公民合法权益底线；五是社会公共秩序底线；六是道德风尚底线；七是信息真实性底线。[②]

---

① 何怀宏. 我为什么要提倡"底线伦理"[N]. 北京日报，2012-02-20.

② 吴定平. 守住"七条底线"是每个网民的责任 [EB/OL]. http://www.xj.xinhuanet.com/2013-08/15/c_116955586.htm，2013-08-15

这次在央视的聚光灯下开展的讨论虽然带有一定的官方色彩（国家互联网信息办公室主任出席），而且责任主体指向网络名人，但我们同样可以将它视为我国网络传播责任制度建设的里程碑式事件。因为它第一次提出了针对网络传播的"底线责任"，迈出了务实性制度建设的重要一步：低调、积极，而不是好高骛远和耳提面命。而且，从实际需要和操作层面考虑，"七条底线"不仅针对网络名人，也是对普通网民的行为约束。

底线责任之所以重要，是因为"没有底线，互联网就没有未来；没有底线，结果只有一个，就是在混乱中走向自我毁灭"①。按照前述哈耶克的观点——"欲使责任有效，责任就必须明确而有限度"，底线责任就是一种相对明确而有限度的责任。当然，"七条底线"的表述还是原则性的，要真正明确地划出边界，还有赖于制度建设的跟进。

### （三）愿景：推动社会整合与价值重建

上述"七条底线"是网民从事网络内容生产和信息传播行为必须坚守的基本准则。但对于网络文化建设而言，仅强调底线责任是不够的，还需要有更高的目标引导。所以在本书末尾，笔者提出几个责任愿景。当然，愿景的提出不是发自道德狂热和空想，而同样是基于对社会化媒体特点与功能的理解和把握，以及考察它与当下社会各种力量互动的种种可能后，结合"实然"与"应然"产生的构想。

#### 1. 在自我完善中提升公共表达

尽管当前社会化媒体的公共表达中存在语言暴力、泛道德主义、群体极化和"网络民粹主义"等现象，但我们也应看到常态化传播实践中社会化媒体产生的积极影响，以及给民众生活及社会整合带来的正面效用。而且，社会化媒体本身还处在不断发展变化及自我完善之中，其用户的素养及理性水平也会随着社会发展而逐步提升。同时，社会化媒体用户本身就是真实的社会个体，以现实社会

---

① 没有底线，互联网就没有未来 [N]. 中国青年报，2013-08-19.

关系网络为依托的社会化媒体用户不会完全变成虚拟世界中无所顾忌的"乌合之众"，他们的现实身份和行为也会对其网络表达构成明显的制约，从而为群体性的社会认同和社会共识的达成提供可能。以上是从客观可能性（或然）的角度作出的判断。谈到愿景，我们还需要一个相对主观（应然）的角度，那就是，众多社会化媒体用户应该站在完善自我、提升网络文化品质、推动解决实际问题和推进社会健康发展的高度，自觉承担起增强平等对话意识、提高公共表达质量、促进社会共识达成的社会责任。因为这不仅是在完善公共领域，从而为社会创造无形的财富，也是在提升和完善自我，从而为自身创造福祉。

### 2.推动官民互动的网络机制建设

在当下中国的媒介格局中，能承担官方与民间互动交流平台主要职责的，非社会化媒体莫属，这是由其技术特性和社会基础决定的。传统媒体和第一代网络媒体由于其大众传播属性而缺乏通畅的互动渠道，另外，10余年来的用户流失和影响力下滑也使它们难以担此重任。在实践中，近年来各级政府及其职能部门在频繁的突发事件中逐渐认识到社会化媒体强大的舆论聚合能力和社会动员能力，已逐渐改变了忽视甚至排斥社会化媒体的态度，开始主动学习并积极使用，试图在各种主流社会化媒体平台上发声，在与网民的互动中重新掌握舆论主导权。经过近十年的探索和实践，"两微一端一抖"已成为政府机构信息发布工作的标配。

当然，信息平台和发布矩阵建设只是硬件基础，官民对话的机制建设才是开展良性互动的关键。对话机制建设的主动权在政府，比如以保障"四权"（知情权、参与权、表达权和监督权）为前提，制定官民对话协商制度，并提供相应的资源和保障条件。同时，也需要政府（官方）和社会（民间）共同努力，在持续不断的对话实践中检验与完善机制。这就要求，双方都抱有对话的诚意和积极性，充分利用公共媒体和官方媒体两类新媒体平台，开展坦诚的对话，实现增进理解、化解矛盾、解决问题、促进发展的社会目标，并形成长期稳定的对话协商机制。

# 小　结

本章是全书的结论部分，基于前文分析的社会化媒体平台公共表达的表现、特点、正面功效和局限性，提出改善公共表达的构想。

社会化媒体的应用普及在为大众赋权的同时，也对中国社会的信息传播格局及话语权重新分配带来有意义的改变，并为一些具体事件的应对和解决提供了新思路。但传统文化及社会心理的束缚、公共领域的不完善、对话精神的缺失、社会矛盾长期积累导致的社会互信空间狭窄、青年亚文化的对抗与消解气质等因素的存在，也成为公共表达健康发展及其发挥更积极社会功效的主要障碍。社会化媒体如何在呈现问题、宣泄情绪、提供知情权与表达权的同时更好地承担理性表达、平等对话、积极建言、增进共识、推进民主法治建设等社会责任？对这个问题的回答，既关系到社会化媒体自身的发展，也左右着社会化媒体与现实社会的互动过程。所以，本书行文至此，给出一个对策性的结论也是水到渠成。

本章提出的解决思路可分为两个层面。一是宏观层面，即针对社会制度建构而言，社会管理者和制度设计者应以社会主义协商民主框架为依托，大力推进网络协商民主建设，让不同的社会主体有平台、有空间、有机制就公共事务进行平等协商；也要建立合法与开放平衡、他律与自律结合的网络规制，软硬结合，在承认和保障民众"四权"的前提下推行合法而有效的网络治理。二是微观层面，即针对公众个体素质养成而言，既要求国民教育的设计者和实施者重视培养公民的对话精神，重视公共表达的形式规范和内容质量；还要求公民个体提升表达自由与社会责任相统一的文化自觉。

只有主观与客观条件同时改善，社会制度建构与个体素养提升双向努力，公共表达才有可能趋于理性，媒体与社会之间的良性互动才能持续发生，并推进社会的整体健康发展。

# 社会化媒体公共表达的前景何在

　　写作本书过程中，笔者收集了不少案例，也多次进入论坛、博客、微博和微信平台，去浏览网民对一些具体议题的讨论。读着那些或文雅或粗俗，或平淡无奇或妙趣横生，但绝对活生生的文字，常常会不经意地想象那些隐身在电脑和手机背后发言的一个个真实的人。他／她们有着什么样的生活经历与阅历？他／她们发布这些内容时处于何种状态？这种状态与他／她们日常跟同事、朋友、家人交流的状态有多大的区别？这种发言和交流对于一个处在事件之外的普通个体而言，意义究竟何在？他们真的获得期待中的社会报偿了吗？对于这些问题，目前可检索到的研究成果也基本是主观臆断或诉诸经验的成分多，实证的成分少，或者用大而化之的概括性论断遮蔽了具体可感的鲜活事实。当然，因主题所限，本书同样没有完全回答这些问题。

　　毫无疑问，社会化媒体的普及给国人带来了"意料之外"的自由，我们的祖先几千年来很少真切地享用过的表达自由。有人因此兴奋地宣称，"互联网是上帝送给中国人最好的礼物"①，当然，这里的"互联网"最好具体化为"社会化媒体"。礼物我们收了，但如何充分、完整地接纳和享用它，我们未必做好了准备。所以，当我们观察社会化媒体平台上的各种公共表达现象时，会发现一些常见而又奇怪的现象，这些现象甚至构成了一个难以克服的悖论：我们终于得到了弥足珍贵的表达自由，但我们又毫不珍惜地挥霍它。好像我们并不在意明天，就像明天根本不存在一样。

　　完善的公共表达不可能在理想境界中求得。社会化媒体的虚拟空间虽然自由，但也需要合理合法的规则加以约束和治理；网民的法治意识、文化素质、

---

　　① 耿付生. 互联网是上帝送给中国人最好的礼物 [EB/OL]. (2011-10-23) [2018-05-01]. https：//net. blogchina. com/blog/article/1212963.

媒介素养都亟待提升；网络技术需要不断完善，以提供更加便捷和人性化的服务……这些都是理性思维不难想到的结论，用来解决当前的公共表达问题，似乎都无可辩驳，但又似乎不够充分。实现"明亮的表达"和"清朗的网络空间"，道路尽管漫长，但我们只能在持续实践中不断努力，并且耐心等待。

除了上述可感的经验和道理外，笔者还想继续追问的是：我们参与公共表达是否出于对他人的关怀与爱？我们探讨事实真相和表达个人观点时，内心是否怀有责任意识？这也许才是问题的关键所在，也是本书正文部分虽有提及但没能展开的要素：爱与责任。这也是对本书诉诸经验理性和工具理性的各种表述的必要补充，但放在最后，并非意味着不重要。而且，这一拷问并非单纯地针对网民，而同样针对政府管理者和网络平台经营者。

务实地看，即便制度建设层面、政府管理层面、公民素养层面的问题在不久的将来都得以解决，公共表达的无效和无奈也依然会存在。工具理性既有效也有限，我们无法舍弃但又不可完全依赖。正如美国学者彼得斯（John D. Peters）在《交流的无奈：传播思想史》一书中试图站在哲学高度阐明的道理：完美的交流只是乌托邦，重要的是彼此关爱。

> 交流是没有保证的冒险。凭借符号去建立联系的任何尝试，都是一场赌博，无论其发生的规模是大还是小。我们怎么判断我们已经做到了真正的交流呢？这个问题没有终极的答案，只有一个讲究实际的答案：如果后续的行动比较协调，那就是实现了真正的交流……我们的问题不应该是：我们能够交流吗？而是应该问：我们能够相互爱护，能够公正而宽厚地彼此相待吗？ ①

彼得斯强调人们彼此之间的爱与宽容，即用积极和正面的情感来克服交流的困境。而笔者认为，责任同样不可或缺，它会不断提醒表达者躬身自省、自我约束。

---

① 彼得斯 . 交流的无奈：传播思想史 [M]. 何道宽，译 . 北京：华夏出版社，2003：259.

　　有了规则建构、教育养成和民主训练多个层面的努力，同时，我们又能对同类心怀爱意与责任，趋于完善的公共表达才是可以期待的愿景。

# 参考文献

埃里克·奎尔曼.颠覆：社会化媒体改变世界 [M].刘吉熙，译.北京：人民邮电出版社，2010.

艾伯特·拉斯洛·巴拉巴西.链接：网络新科学 [M].徐彬，译.长沙：湖南科学技术出版社，2007.

安德鲁·查德威克.互联网政治学：国家、公民与新传播技术 [M].任孟山，译.北京：华夏出版社，2010.

安德鲁·埃德加.哈贝马斯：关键概念 [M].杨礼银，等译.南京：江苏人民出版社，2009.

安德鲁·基恩.网民的狂欢：关于互联网弊端的反思 [M].丁德良，译.海口：南海出版公司，2010.

安东尼·吉登斯.现代性与自我认同 [M].夏璐，译.上海：上海三联书店，1998.

安东尼·吉登斯.现代性的后果 [M].田禾，译.南京：译林出版社，2011.

白淑英，肖本立 . 新浪微博中网民的情感动员 [J]. 兰州大学学报（社会科学版），2011（5）.

保罗·莱文森 . 数字麦克卢汉：信息化新纪元指南 [M]. 何道宽，译 . 北京：社会科学文献出版社，2001.

保罗·莱文森 . 莱文森精粹 [M]. 何道宽，译 . 北京：人民大学出版社，2007.

保罗·莱文森 . 思想无羁 [M]. 何道宽，译 . 南京：南京大学出版社，2003.

彼得斯 . 交流的无奈：传播思想史 [M]. 何道宽，译 . 北京：华夏出版社，2003.

蔡翠红 . 网络时代的政治发展研究 [M]. 北京：时事出版社，2015.

蔡前 . 以互联网为媒介的集体行动研究 [M]. 南昌：江西人民出版社，2009.

曹进 . 网络语言传播导论 [M]. 北京：清华大学出版社，2012.

曹鹏飞 . 公共性理论的兴起及其意义 [J]. 北京联合大学学报（人文社会科学版），2008（3）.

曹雄飞 . 理解博客用户向微博的转移：基于推—拉—锚定框架的视角 [D]. 合肥：中国科学技术大学，2014.

陈光明 . 从网络语言缩略语看网络语言的后现代特征 [J]. 广东外语外贸大学学报，2008（3）.

陈红梅 . 博客使用动机与使用状态研究 [C]// 海市社会科学界联合会 . 中国的前沿文化复兴与秩序重构：上海市社会科学界第四届学术年会文集 . 上海：上海人民出版社，2006.

陈红梅 . 互联网上的公众表达 [M]. 上海：复旦大学出版社，2014.

陈华 . 互联网社会动员的初步研究 [D]. 北京：中共中央党校，2011.

陈建 . 社会化媒体舆论表达的民粹主义隐忧：以微博客的舆论表达为例 [J]. 东南传播，2010（11）.

陈力丹 . 论网络传播的自由与控制 [J]. 新闻与传播研究，1999（3）.

陈韬文，等 . 传媒的公共性是传媒研究的核心议题 [J]. 传播与社会学刊,2008(8).

陈闻桐 . 近现代西方政治哲学引论 [M]. 合肥：安徽大学出版社，2004.

程曼丽 . 从历史角度看新媒体对传统社会的解构 [J]. 现代传播（中国传媒大学学

报），2007（6）.

大卫·伊斯利，乔恩·克莱因伯格.网络、群体与市场：揭示高度互联世界的行为原理与效应机制 [M].李晓明，王卫红，杨韫利，译.北京：清华大学出版社，2011.

丹尼斯·麦奎尔.麦奎尔的大众传播理论 [M].崔保国，等译.北京：清华大学出版社，2006.

丁慧民，韦沐，杨丽.网络动员及其对高校政治稳定的冲击与挑战 [J].北京青年政治学院学报，2006（2）.

董向慧.微博如何改变社：社交媒体与社会风习研究 [M].南昌：江西人民出版社，2016.

段永朝.互联网：碎片化生存 [M].北京：中信出版社，2009.

凡奇，李静，王力尘.网络政治动员方式与途径的探索和研究 [M].沈阳：辽宁人民出版社，2009.

冯建三.传媒公共性与市场 [M].上海：华东师范大学出版社，2015.

弗里德曼.文化认同与全球性过程 [M].郭建如，译.北京：商务印书馆，2003.

付宏.基于社会化媒体的公民政治参与 [M].北京：国家行政学院出版社，2014.

付加迹.从邓玉娇案对特殊防卫权之防卫限度的思考 [J].法制与经济（下旬），2013（6）.

傅永军.传媒、公共领域与公共舆论 [J].山东视听，2006（1）.

富永健一.关于功能理论、社会系统理论及社会变动问题的再思考 [J].社会学研究，1987（1）.

高丙中.精英文化、大众文化、民间文化：中国文化的群体差异及其变迁 [J].社会科学战线，1996（2）.

高桂云.公众网络政治参与的引导与规范研究 [M].北京：中国社会科学出版社，2014.

高晶怡.网络公益与传统公益的区别及发展趋向 [J].新闻世界，2012（9）.

葛玮.中国特色传媒体制：历史沿革与发展完善 [J].中国行政管理，2011（6）.

古斯塔夫·勒庞.乌合之众 [M].冯克利,译.北京:中央编译出版社,2000.

顾明毅,周忍伟.网络舆情及社会性网络信息传播模式 [J].新闻与传播研究,2009(5).

郭超人.喉舌论 [M].北京:新华出版社,1997.

郭小安.网络民主的可能及限度 [M].北京:社会科学文献出版社,2011.

郭彦刚.社会化媒体对公共领域建构的现实思考 [J].青年记者,2013(3).

郭玉锦,王欢.网络公共领域建构研究 [M].北京:北京邮电大学出版社,2015.

郭玉锦,王欢.网络社会学(第2版)[M].北京:中国人民大学出版社,2010.

哈贝马斯.公共领域的结构转型 [M].曹卫东,等译.北京:学林出版社,1999.

哈尔·埃尔布森,肯·莱丁,哈里·刘易斯.数字迷城:信息爆炸改变你的生活 [M].李卉,王思敏,张魏,译.北京:人民邮电出版社,2011.

哈罗德·伊尼斯.传播的偏向 [M].何道宽,译.北京:中国人民大学出版社,2003.

汉娜·阿伦特.人的条件 [M].竺乾威,等译.上海:上海人民出版社,1999.

何包钢.从协商民主看政治协商会议 [N].学习时报,2009-10-19.

何威.网众传播:一种关于数字媒体、网络化用户和中国社会的新范式 [M].北京:清华大学出版社,2011.

贺羡.论协商民主体系中的公共领域 [J].探索,2015(4).

侯钧生.西方社会学理论教程 [M].天津:南开大学出版社,2010.

胡蕊.网络表达:众意与民意 [M].北京:北京理工大学出版社,2014.

胡申生,等.传播社会学导论 [M].上海:上海大学出版社,2002.

胡泳.从博客、SNS到微博:向过去的回归 [J].IT经理世界,2011(9).

胡泳.网络政治:当代中国社会与传媒的行动选择 [M].北京:国家行政学院出版社,2014.

胡泳.众声喧哗:网络时代的个人表达与公共讨论 [M].桂林:广西师范大学出版社,2008.

华炜.社会认知方式与大学生心理健康教育 [J].黑龙江教育,2012(12).

黄惟勤.论网络表达自由 [D].北京:中国社会科学院,2010.

简宁斯·布莱恩特，道尔夫·兹尔曼.媒介效果：理论与研究前沿 [M].石彬，彭彪，译.北京：华夏出版社，2009.

蒋淑媛.网络媒介社会功能论 [M].北京：新华出版社，2011.

杰森·戴利.社会化媒体在革谁的命 [J].文岳，译.创业帮，2011（4）.

凯斯·桑斯坦.网络共和国：网络社会中的民主问题 [M].黄维明，译.上海：上海人民出版社，2003.

凯斯·桑斯坦.信息乌托邦：众人如何生产知识 [M].毕竞悦，译.北京：法律出版社，2008.

凯文·凯利.失控 [M].陈新武，等译.北京：新星出版社，2010.

康菊霜.娱乐化背景下微博的舆论监督功能 [J].青年记者，2012（5）.

克莱·舍基.认知盈余：自由时间的力量 [M].胡泳，哈丽丝，译.北京：中国人民大学出版社，2011.

克莱·舍基.人人时代：无组织的组织力量 [M].胡泳，沈满琳，译.北京：中国人民大学出版社，2012.

孔繁斌.公共性的再生产：多中心治理的合作机制建构 [M].南京：江苏人民出版社，2012.

拉里·韦伯.无处不在：社会化媒体时代管理面临的变化与挑战 [M].曹进，郭亚文，译.北京：中信出版社，2011.

劳伦斯·莱斯格.代码：塑造网络空间的法律 [M].李旭，等译.北京：中信出版社，2004.

劳伦斯·莱斯格.思想的未来：网络时代公共知识领域的警世喻言 [M].李旭，译.北京：中信出版社，2004.

黎岳庭，刘力.社会认知：了解自己和他人 [M].北京：北京师范大学出版社，2010.

李斌.网络政治学导论 [M].北京：中国社会科学出版社，2006.

李佃来.公共领域与生活世界：哈贝马斯市民社会理论研究 [M].北京：人民出版社，2006.

李红 . 网络公共事件：符号、对话与社会认同 [M]. 北京：中国社会科学出版社，
　　2015.

李怀德 . 论表达自由 [J]. 当代法学，1998（6）.

李良荣，戴苏苏 . 新闻改革 30 年：三次学术讨论引发三次思想解放 [J]. 新闻大
　　学，2008（4）.

李良荣，张华 . 参与社会治理：传媒公共性的实践逻辑 [J]. 现代传播（中国传媒
　　大学学报），2014（4）.

李良荣 . 当前中国新闻改革的基本特点：纪念新闻改革 25 周年 [J]. 现代传播，
　　2004（5）.

李普曼 . 公共哲学的复兴 [M]// 刘军宁，等 . 市场逻辑与国家观念 [M]. 上海：上海
　　三联书店，1995.

李松 . 底层民意：中国社会心态调查 [M]. 北京：新华出版社，2014.

李维益 . 网络政治传播转向的动因和影响分析 [J]. 今传媒，2009（6）.

李晓琳 . 后现代主义与网络语言 [J]. 语言建设，2011（12）.

李永刚 . 我们的防火墙网络时代的表达与监管 [M]. 桂林：广西师范大学出版社，
　　2009.

李友梅，肖瑛，黄晓春 . 社会认同：一种结构视野的分析——以美、德、日三国
　　为例 [M]. 上海：上海人民出版社，2007.

李友梅 . 重塑转型期的社会认同 [J]. 社会学研究，2007（2）.

李智 . 论网络传播中的对话精神 [J]. 北京行政学院学报，2007（1）.

廖言 . 慎防网络舆论卷起"媒体审判" [J]. 瞭望，2009（22）.

林默彪 . 论当代中国社会转型的分析框架 [J]. 马克思主义与现实，2005（5）.

林语堂 . 中国新闻舆论史：一部关于民意与专制斗争的历史 [M]. 刘小磊，译 . 上
　　海：上海人民出版社，2008.

刘军宁，王炎，贺卫方 . 市场逻辑与国家观念 [M]. 上海：上海三联书店，1995.

刘琼 . 网络动员的作用机制与管理对策 [J]. 学术论坛，2010（8）.

刘小燕，赵鸿燕 . 政治传播中微博动员的作用机理 [J]. 山东社会科学，2013（5）.

刘绪义，钱宗武：网络语言．现代与后现代的冲突 [J]．徐州师范大学学报，2005（3）．

刘云峰．没有受众的传媒：多媒体时代的传播观念 [J]．现代传播，1996（2）．

刘祖云．社会转型解读 [M]．武汉：武汉大学出版社，2005.

龙太江．社会动员与危机管理 [J]．华中科技大学学报（社会科学版），2004（1）．

卢山林，卢旭成，刘建强，等．草根牛博操控者 [J]．创业家，2011（5）．

芦何秋．社交媒体意见领袖研究：以新浪微博平台为例 [M]．武汉：武汉大学出版社，2016.

芦何秋，郭浩，廖俊云，等．微博意见活跃群体分析报告：基于 2011 年上半年 27 件重大网络公共事件的新浪微博数据分析 [J]．新闻界，2011（6）．

罗伯特·哈克特，赵月枝．维系民主：西方政治与新闻客观性 [M]．沈荟，等译．北京：清华大学出版社，2005.

罗伯特·W. 麦克切斯尼．传播革命 [M]．高金萍，译．上海：上海译文出版社，2009.

罗钢，刘象愚．文化研究读本 [M]．北京：中国社会科学出版社，2000.

马克·吉布森．文化与权力：文化研究史 [M]．王加为，译．北京：北京大学出版社，2012.

马克思恩格斯全集（第 21 卷）[M]．北京：人民出版社，1965.

马歇尔·麦克卢汉．理解媒介 [M]．何道宽，译．北京：商务印书馆，2000.

迈克尔·A. 豪格，多米尼克·阿布拉姆斯．社会认同过程 [M]．高明华，译．北京：中国人民大学出版社，2011.

曼纽尔·卡斯特．网络社会的崛起 [M]．夏铸九，王志弘，等译．北京：社会科学文献出版社，2003.

曼纽尔·卡斯特．认同的力量 [M]．曹荣湘，译．北京：社会科学文献出版社，2006.

曼纽尔·卡斯特．千年终结 [M]．夏铸九，黄慧琦，等译．北京：社会科学文献出版社，2006.

曼纽尔·卡斯特．网络社会：跨越文化的视角 [M]．周凯，译．北京：社会科学文献出版社，2009.

蒙南生．新闻传播社会学 [M]．北京：中国传媒大学出版社，2007.

弥尔顿·富勒．网络与国家：互联网治理的全球政治学 [M]．周程，等译．上海：上
    海交通大学出版社，2015.

尼古拉斯·盖恩，戴维·比尔．新媒介：关键概念 [M]．刘君，周竞男，译．上海：
    复旦大学出版社，2015.

尼古拉斯·克里斯塔基，詹姆斯·富勒．大连接：社会网络是如何形成的以及对人
    类现实行为的影响 [M]．简学，译．北京：中国人民大学出版社，2013.

欧文·戈夫曼．日常生活中的自我呈现 [M]．冯钢，译．北京：北京大学出版社，
    2008.

潘忠党，等．反思与展望：中国传媒改革开放三十周年笔谈 [J]．传播与社会学刊，
    2008（6）.

潘忠党．传媒的公共性与中国传媒改革的再起步 [J]．传播与社会学刊，2008（6）.

彭兰．社会化媒体：理论与实践解析 [M]．北京：中国人民大学出版社，2015.

彭兰．社会化媒体与媒介融合的双重挑战 [J]．新闻界，2012（1）.

戚加强，王海燕．"邓玉娇案"的几点思考 [J]．法制与社会，2009（27）.

钱广贵．中国传媒体制改革研究：从两分开到三分开 [D]．武汉：武汉大学，2010.

乔治·弗雷德里克森．公共行政的精神 [M]．张成福，等译．北京：中国人民大学出
    版社，2003.

乔治·瑞泽尔．当代社会学理论及其古典根源 [M]．杨淑娇，译．北京：北京大学出
    版社，2005.

秦志希，葛丰，吴洪霞．网络传播的"后现代"特性 [J]．武汉大学学报（人文科学
    版），2002（6）.

邱林川，陈韬文．新媒体事件研究 [M]．北京：中国人民大学出版社，2011,

屈菲．后现代主义思潮的演进及影响 [J]．北方论丛，2007（3）.

让·弗朗索瓦·利奥塔．后现代状态：关于知识的报告 [M]．车槿山，译．上海：上
    海三联书店，1997.

塞缪尔·亨廷顿. 变化社会中的政治秩序 [M]. 王冠华，等译. 上海：上海人民出版社，2008.

塞缪尔·亨廷顿. 我们是谁？美国国家特征面临的挑战 [M]. 程克雄，译. 北京：新华出版社，2005.

沈晖. 当代中国中间阶层认同研究 [M]. 北京：中国大百科全书出版社，2008.

石岩 .2014 年的中国网络舆情：拉一拉就是朋友，推一推就是敌人 [N]. 南方周末，2015-01-24.

石莹，张志杰. 大学生博客使用现状调查 [J]. 西南师范大学学报（自然科学版），2007（6）.

石勇. 微博：一种新的"社会权力"在生长 [J]. 南风窗，2011（15）.

斯科特·斯特莱登. 强关系 [M]. 魏薇，译. 北京：中国人民大学出版社，2012.

宋香云，王敏. 西方发达国家传媒管理体制及对我国的启示 [J]. 全国商情（理论研究），2003（8）.

宋元林，等. 网络文化与人的发展 [M]. 北京：人民出版社，2009.

孙光宁，等. 网络民主在中国：互联网政治的表现形式与发展趋势 [M]. 北京：知识产权出版社，2015.

孙磊. 规范与权利视角下的公共性：论哈贝马斯公共性理论的局限 [J]. 南京社会科学，2010（8）.

孙立平. 博弈：断裂社会的利益冲突与和谐 [M]. 北京：社会科学文献出版社，2006.

孙立平. 失衡：断裂社会的运作逻辑 [M]. 北京：社会科学文献出版社，2004.

孙立平. 实践社会学与市场转型过程分析 [J]. 中国社会科学，2002（5）.

孙立平. 断裂：20 世纪 90 年代以来的中国社会 [M]. 北京：社会科学文献出版社，2003.

孙隆基. 中国文化的深层结构 [M]. 桂林：广西师范大学出版社，2004.

孙旭培. 现代新闻学理论的三个支点 [J]. 华中科技大学学报（社会科学版），2003（1）.

谭奎安 . 公共性二十讲 [M]. 天津：天津人民出版社，2008.

谭清华 . 罗尔斯政治哲学中的公共性理念及其现实意义 [J]. 内蒙古社会科学（汉文版），2014（3）.

谭清华 . 哲学语境中的公共性：概念、问题与理论 [J]. 学海，2013（2）.

汤姆·斯丹迪奇 . 从莎草纸到互联网：社交媒体 2000 年 [M]. 北京：中信出版社，2015.

唐兴通 . 社会化媒体营销大趋势：策略与方法 [M]. 北京：清华大学出版社，2010.

陶东风 . 大众传播与新公共性的建构 [J]. 粤海风，1999（2）.

田磊 . 微博：新技术的美妙与危险 [J]. 南风窗，2011（26）.

田中阳 . 话语制权：对"喉舌论"的历史考辨 [M]//《新闻学论集》编辑部 . 新闻学论集（第 19 辑）. 北京：经济日报出版社，2007.

佟力强 . 微博发展研究报告 [M]. 北京：人民出版社，2012.

童兵 . "四权"建设：拓宽舆论表达渠道的突破口 [J]. 中国地质大学学报（社会科学版），2010（3）.

童兵 . 新闻转轨的突破口：确立人民性的权威地位 [J]. 新闻知识，1987（2）.

童世骏 . 批判与实践：论哈贝马斯的批判理论 [M]. 上海：上海三联书店，2007.

涂光晋，陈敏 . 基于新浪微博平台的网络动员机制研究 [J]. 新闻界，2013（2）.

庹祖海 . 网络时代的文化思维 [M]. 北京：北京邮电大学出版社，2011.

汪辉，陈燕谷 . 文化与公共性 [M]. 上海：上海三联书店，1998.

王凤才 . 哈贝马斯交往行为理论述评 [J]. 理论学刊，2003（5）.

王贵斌 .Web 2.0 时代网络公共舆论研究 [M]. 北京：中国传媒大学出版社，2015.

王靖华 . 美国互联网管制的三个标准 [J]. 当代传播，2008（3）.

王君玲 . 网络表达研究 [D]. 武汉：武汉大学，2009.

王淑华 . 互联网的公共性 [M]. 北京：社会科学文献出版社，2014.

王四新 . 表达自由与自我实现：以网络表达为例 [J]. 现代传播（中国传媒大学学报），2010（10）.

王文宏 . 网络文化多棱镜奇异的赛博空间 [M]. 北京：北京邮电大学出版社，2009.

王笑楠.对网络恶搞现象的文化分析 [J].河南师范大学学报（哲学社会科学版），2010（5）.

王治河.福柯 [M].长沙：湖南教育出版社，1999.

王治河.后现代哲学思潮研究（增补本）[M].北京：北京大学出版社，2006.

王治河.论后现代主义的三种形态 [J].国外社会科学，1995（1）.

威尔伯·施拉姆，威廉·波特.传播学概论（第 2 版）[M].北京：北京大学出版社，2007.

吴胜武，胡余波，徐静.政府是平的：微博问政改变了谁 [M].杭州：浙江人民出版社，2013.

吴世文.新媒体事件的框架建构与话语分析 [M].济南：山东教育出版社，2014.

吴忠民.毛泽东时代有价值的历史遗产 [J].科学社会主义，2001（2）.

吴忠民.社会动员与发展 [J].浙江学刊，1992（2）.

伍俊斌.论互联网与协商民主的契合 [J].新华文摘，2014（19）.

伍俊斌.网络协商民主的契合、限度与路径分析 [J].马克思主义研究，2015（3）.

武帅.中国互联网风云 16 年 [M].北京：机械工业出版社，2011.

希伦·A.洛厄里，梅尔文·L.德弗勒.大众传播效果研究的里程碑 [M].刘海龙，等译.北京：中国人民大学出版社，2009.

夏倩芳.党管媒体与改善新闻管理体制：一种政策和官方话语分析 [J].新闻与传播评论，2005（5）.

夏忠敏."东莞扫黄风暴"中的网络民粹主义传播实践 [J].当代传播，2014（4）.

肖生福.传媒公共性之内涵解析与考察框架 [J].社会科学论坛，2010（9）.

笑蜀.关注就是力量，围观改变中国 [N].南方周末，2010-01-14.

谢岳.大众传媒与民主政治：政治传播的个案研究 [M].上海：上海交通大学出版社，2005.

谢岳.社会抗争与民主转型：20 世纪 70 年代以来的威权主义政治[M].上海：上海人民出版社，2008.

许纪霖.公共性与公共知识分子 [M].南京：江苏人民出版社，2003.

许鑫，李霞婷．当代中国传媒改革与媒介公共性的变迁 [J]．浙江传媒学院学报，2013（3）．

许鑫．刍论互联网之于公共领域的意义 [J]．探索与争鸣，2012（5）．

许鑫．网络时代的公共性研究 [M]．北京：人民出版社，2015．

许鑫．传媒公共性：概念的解析与应用 [J]．国际新闻界，2011（5）．

严利华．公共领域理论在中国的发展及思考 [J]．湖北社会科学，2010（4）．

杨桂华．社会转型期精神迷失现象分析 [M]．天津：南开大学出版社，2009．

杨国斌．连线力：中国网民在行动 [M]．桂林：广西师范大学出版社，2013．

杨林林．转型中国：顶级学者访谈（第2版）[M]．北京：经济日报出版社，2005．

杨清波，王维芳．网络"媒介审判"的新特征及其防范对策：以湖北巴东"邓玉娇案"为例 [J]．新闻研究导刊，2010（6）．

杨文杰．从收视率造假到点击率造假 [N]．北京青年报，2016-07-20．

杨武．互联网：中国公共领域的曙光 [J]．广西民族大学学报（哲学社会科学版），2006（12）．

杨珍．社会化媒体引发了传媒业格局的改变 [J]．新闻知识，2010（5）．

姚君喜．社会转型传播学 [M]．上海：上海交通大学出版社，2008．

于兴乐．从博客的演进看新媒体的未来 [J]．中国记者，2012（3）．

俞可平．现代化进程中的民粹主义 [J]．战略与管理，1997（1）．

喻国明，等．微博：一种新传播形态的考察 [M]．北京：人民日报出版社，2011．

喻国明．中国社会舆情年度报告（2016—2017）[M]．北京：人民日报出版社，2017．

袁方，等．社会学家的眼光：中国社会结构转型 [M]．北京：中国社会科学出版社，1998．

袁峰，顾铮铮，孙珏．网络社会的政府与政治：网络技术在现代社会中的政治效应分析 [M]．北京：北京大学出版社，2006．

约翰·B. 汤普森．意识形态与现代文化 [M]．高铦，等译．上海：译林出版社，2012．

约翰·斯道雷．文化理论与通俗文化导论 [M]．杨竹山，郭发勇，周辉，译．南京：

南京大学出版社，2001.

约翰·杜威. 公众及其问题 [M]. 本书翻译组，译. 上海：复旦大学出版社，2015.

约翰·帕夫利克. 新媒体技术：文化和商业前景（第 2 版）[M]. 周勇，等译. 北京：清华大学出版社，2005.

约书亚·梅罗维茨. 消失的地域：电子媒介对社会行为的影响 [M]. 肖志军，译. 北京：清华大学出版，2002.

约斯·德·穆尔. 赛博空间的奥德赛：走向虚拟本体论与人类学 [M]. 麦永雄，译. 桂林：广西师范大学出版社，2007.

曾繁旭. 表达的力量：当中国公益组织遇上媒体 [M]. 上海：上海三联书店，2012.

詹姆斯·E. 凯茨. 互联网使用的社会影响：上网、参与和互动 [M]. 郝芳，刘长江，译. 北京：商务印书馆，2007.

詹姆斯·库兰，米切尔·古尔维奇. 大众媒介与社会 [M]. 杨击，译. 北京：华夏出版社，2006.

展江. 哈贝马斯的"公共领域"理论与传媒 [J]. 中国青年政治学院学报，2002（2）.

张国华. 从邓玉娇案看司法的民主性边界 [J]. 法治论丛，2009（5）.

张雷，刘力锐. 网民的力量：网络社会政治动员论析 [M]. 沈阳：东北大学出版社，2012.

张宁. 媒介社会学：信息化时代媒介现象的社会学解读 [M]. 广州：中山大学出版社，2010.

张品良. 网络传播的后现代性解析 [J]. 当代传播，2004（5）.

张品良. 网络文化传播：一种后现代的状况 [M]. 南昌：江西人民出版社，2007.

张涛甫. 表达与引导 [M]. 桂林：漓江出版社，2012.

张天培. 中国社交媒体中的政府信息流研究 [M]. 北京：人民日报出版社，2016.

张薇，王红旗. 网络语言是一种社会方言 [J]. 济南大学学报（社会科学版），2009（1）.

张小山. 后现代社会理论相关概念辨析 [J]. 理论探讨，2007（3）.

张哲. 社会化媒体对传播方式的影响分析 [J]. 人民论坛，2011（8）.

张真继，张润彤．网络社会生态学 [M]．北京：电子工业出版社，2008．

赵月枝．中国和国际传播的民主化 [J]．传播与社会学刊，2008（6）．

赵云泽，等．"社会化媒体"还是"社交媒体"？—— 一组至关重要的概念的翻译和辨析 [J]．新闻记者，2015（6）．

钟瑛，罗昕，黄朝钦．网络传播导论 [M]．北京：中国人民大学出版社，2012．

钟瑛．中国新媒体社会责任研究报告 2015[M]．北京：社会科学文献出版社，2015．

钟瑛．中国新媒体社会责任研究报告 2016[M]．北京：社会科学文献出版社，2016．

钟瑛．网络传播管理研究 [M]．北京：中国社会科学出版社，2014．

钟瑛．网络传播伦理 [M]．北京：清华大学出版社，2005．

周海燕．重读刘涌案：公共领域视野中的司法与传媒之争 [J]．新闻大学，2006（4）．

周宪．超越文学：文学的文化哲学思考 [M]．上海：上海三联书店，1997．

周晓虹．认同理论：社会学与心理学的分析路径 [J]．社会科学，2008（4）．

周永明．中国网络的历史考察：电报与清末时政 [M]．尹松波，石琳，译．北京：商务印书馆，2013．

朱海龙．人际关系网络社会与社会舆论：以社会动员为视角 [J]．湖南师范大学社会科学学报，2011（4）．

朱丽峰．网络民意与政府回应问题研究 [M]．北京：中国社会科学出版社，2013．

祝华新，等．2007 年中国互联网舆情分析报告 [M]．北京：社会科学文献出版社，2008．

邹建华．微博时代的新闻发布和舆论引导 [M]．北京：中共中央党校出版社，2012．